APPLICATIONS

DES SILICATES ALCALINS SOLUBLES

AU DURCISSEMENT DES PIERRES POREUSES, A LA PEINTURE,
A L'IMPRESSION, ETC.;

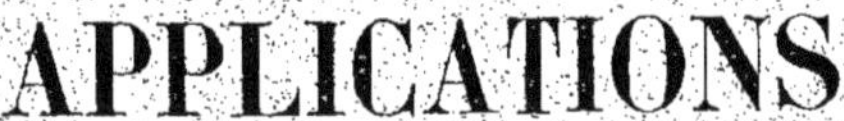

SUIVIES

D'ÉTUDES THÉORIQUES ET PRATIQUES

SUR LA TEINTURE, L'IMPRESSION, LES APPRÊTS
ET LA PEINTURE;

Par M. Fréd. KUHLMANN,

Professeur de chimie, Membre correspondant de l'Institut impérial de France,
Officier de la Légion-d'Honneur, etc.

Extrait des comptes-rendus des séances de l'Académie des Sciences.

PARIS,

VICTOR MASSON,

LIBRAIRE DES SOCIÉTÉS SAVANTES PRÈS LE MINISTÈRE DE L'INSTRUCTION PUBLIQUE,
Place de l'École-de-Médecine, 17.

1857

APPLICATIONS

DES SILICATES ALCALINS SOLUBLES

AU DURCISSEMENT DES PIERRES POREUSES, A LA PEINTURE,
A L'IMPRESSION, ETC.,

ET

ÉTUDES THÉORIQUES ET PRATIQUES

SUR LA TEINTURE, L'IMPRESSION, LES APPRÊTS
ET LA PEINTURE.

APPLICATIONS

DES SILICATES ALCALINS SOLUBLES

AU DURCISSEMENT DES PIERRES POREUSES, A LA PEINTURE,
À L'IMPRESSION, ETC. ;

SUIVIES

D'ÉTUDES THÉORIQUES ET PRATIQUES

SUR LA TEINTURE, L'IMPRESSION, LES APPRÊTS
ET LA PEINTURE ;

Par M. Fréd. KUHLMANN,

Professeur de chimie, Membre correspondant de l'Institut impérial de France,
Officier de la Légion-d'Honneur, etc.

Extrait des Comptes-rendus des séances de l'Académie des Sciences.

PARIS,

VICTOR MASSON,

LIBRAIRE DES SOCIÉTÉS SAVANTES PRÈS LE MINISTÈRE DE L'INSTRUCTION PUBLIQUE,
Place de l'École-de-Médecine, 17.

1857

MÉMOIRE

SUR LES CHAUX HYDRAULIQUES,

LES CIMENTS ET LES PIERRES ARTIFICIELLES;

suivi de

CONSIDÉRATIONS CHIMIQUES SUR LA FORMATION DES CALCAIRES
SILICEUX ET EN GÉNÉRAL DES ESPÈCES MINÉRALES
FORMÉES PAR LA VOIE HUMIDE (*)

1841

EXTRAIT.

Dans un récent travail qui fait suite à mes recherches sur la nitrification, j'ai fait connaître les résultats auxquels j'ai été conduit par un examen attentif de la nature des efflorescences des murailles, de leur origine et des circonstances qui donnent lieu à leur formation. Mes investigations sur ce point m'ont permis de constater la présence de la potasse ou de la soude dans la plupart des calcaires de diverses époques géologiques et de justifier ainsi l'existence de ces alcalis dans les végétaux qui croissent sur un sol calcaire. J'ai expliqué comment on peut se rendre compte des efflorescences de carbonate et de sulfate de soude, et de l'exsudation de carbonate de potasse et de chlorure de potassium ou de sodium qui se produisent souvent d'une manière très-visible à la surface des murailles peu après leur construction.

(*) Mémoires de la Société des Sciences, de l'Agriculture et des Arts de Lille, année 1841.

Comptes-rendus des séances de l'Académie des Sciences, séance du 5 mai 1841.

Une particularité qui a fixé mon attention, c'est que les sels alcalins ont été obtenus généralement en plus grande quantité par le lessivage des chaux hydrauliques que par celui des chaux grasses, et que les ciments hydrauliques en sont généralement fort chargés.

J'ai fait des essais sur le ciment de Pouilly, celui de Vassy-lès-Avallon et celui de Boulogne, sur le ciment préparé avec les calcaires siliceux qu'on recueille sur les bords de la Tamise, près de Londres, et tous m'ont donné des quantités notables de potasse.

Ces observations m'ont paru dignes d'attention. Les sels de potasse ou de soude exercent-ils quelqu'influence sur les propriétés de la chaux ? Leur présence dans les pierres à chaux peut-elle jeter quelque jour sur la formation des calcaires siliceux ? Telles sont les questions que je me suis posées et à la solution desquelles j'ai consacré une nouvelle série de recherches dont je vais présenter le résumé.

(Suivent les considérations concernant l'intervention des silicates alcalins dans la formation des chaux et des ciments hydrauliques. Ces considérations se terminent ainsi) :

Tout en faisant intervenir un agent nouveau dans la théorie de la formation des chaux hydrauliques, je n'en regarde pas moins comme fondamental le principe qui a dirigé les travaux si remarquables de M. VICAT, travaux qui honoreront toujours cet habile ingénieur et auxquels je m'estimerais heureux d'avoir ajouté quelques observations utiles.

Les chimistes n'admettront pas que l'existence de la potasse ou de la soude dans tous les calcaires à chaux hydraulique soit accidentelle et sans influence sur les propriétés de la chaux. De quelle manière cette intervention a-t-elle lieu? Je pense que, sous l'influence de la potasse ou de la soude, les calcaires siliceux, ou la chaux grasse mêlée d'argile, peuvent donner lieu, par la calcination, à des combinaisons doubles de chaux, de silice ou d'alumine et d'un alcali, soit la potasse ou la soude; que ces combinaisons artificielles sont analogues aux combinaisons natu-

relles que les minéralogistes désignent sous les noms de Mésotype,
d'Apophyllite, de Stilbite, et que même il peut se former artificiellement un composé de silice, d'alumine et de soude analogue à
l'Analcime. Il est à remarquer que ces divers composés constituent
des hydrates, et que s'ils font partie des chaux hydrauliques naturelles, ils doivent perdre cette eau à la calcination pour la
reprendre ensuite lors de l'humectation et amener ainsi une
prompte consolidation des mortiers. Si ces sels doubles ou des
composés analogues se forment pendant la calcination des mélanges
artificiels, avec ou sans addition de sels alcalins, les silicates pro
duits à l'état anhydre se trouvent, au moment de leur contact
avec l'eau, dans les mêmes conditions que les produits naturels
après leur calcination. Il interviendrait donc dans la consolidation
des mortiers hydrauliques une action analogue àcelle qui amène la
consolidation du plâtre, une véritable hydratation.

Eu soumettant ces considérations à l'opinion des chimistes, je
le fais avec toute la réserve que commande l'énonciation de toute
théorie nouvelle. D'un autre côté je ne voudrais pas tirer de mes
observations la conclusion absolue que les chaux hydrauliques ne
peuvent exister ou se former sans présence de potasse ou de soude;
il est possible que la combinaison de silice ou d'alumine et de
chaux puisse également posséder la propriété d'absorber de l'eau
et de passer à l'état d'hydrate.

Ciment par la voie humide.

Les silicates alcalins me paraissent destinés à devenir l'objet
d'applications plus étendues et non moins importantes. — J'ai
reconnu qu'en mettant en contact, même à froid, la craie avec
une dissolution de silicates alcalins, il y avait un certain échange
d'acides entre les deux sels; qu'une partie de la craie était transformée en silicate de chaux, et une quantité correspondante de
potasse en carbonate de potasse.

Si de la craie en poudre a été ainsi transformée partiellement
en silicate de chaux, la pâte qui résulte de cette transformation

durcit peu à peu à l'air et prend une dureté aussi grande et même plus grande que celle des meilleurs ciments hydrauliques. C'est une véritable pierre artificielle qui, lorsqu'elle a été préparée en pâte assez liquide et avec assez de silicate, présente la propriété d'adhérer avec une grande force aux corps à la surface desquels elle a été appliquée. — Ainsi le silicate de potasse ou de soude peut servir à préparer des matières analogues aux ciments sans qu'il soit nécessaire de soumettre les pierres calcaires à la calcination. Ces mastics pourront devenir applicables dans certaines circonstances à la restauration des monuments publics, à la fabrication des objets de moulure lorsque la fabrication sur une grande échelle du silicate alcalin soluble permettra d'obtenir ce produit à un prix modéré.

Pierres dures artificielles avec les calcaires tendres et poreux.

Lorsqu'au lieu de présenter à une dissolution de silicates alcalins la craie en poudre on la présente en pâte naturelle ou artificielle suffisamment consistante, il y a également absorption de silice en quantité qu'on peut faire varier à volonté, les craies augmentent de poids, prennent un aspect lisse, un grain serré et une couleur plus ou moins jaunâtre, selon qu'elles sont plus ou moins ferrugineuses.

Les immersions peuvent avoir lieu à froid ou à chaud, et quelques jours d'exposition à l'air suffisent ensuite pour transformer la craie, ou tout autre calcaire poreux, en un calcaire siliceux d'une dureté assez grande pour rayer quelques marbres et qui augmente graduellement par le séjour à l'air. Trois à quatre pour cent de silice absorbée donnent déjà une très-grande dureté à la craie.

Les pierres ainsi préparées sont susceptibles de recevoir un beau poli, mais le durcissement d'abord superficiel ne pénètre au centre que si la pierre est suffisamment poreuse. Les craies à grain serré ne durcissent fort qu'à la surface parce que l'air ne peut pénétrer au centre. Toutefois, pour ces dernières pierres, lorsque la surface durcie est enlevée par le frottement , une autre couche de pierre dure, siliceuse , se forme : pour ce durcissement successif , on arrive à de meilleurs résultats en exposant les pierres à l'air légèment humide qu'à l'air sec.

En raison de leur dureté , de leur grain fin et uniforme , les craies ainsi préparées me paraissent pouvoir devenir d'une grande utilité pour faire des travaux de sculpture , des ornements divers d'un travail même très-délicat , car lorsque les craies ont été soumises à la *silicatisation* dans un état de sécheresse convenable, ce qui est essentiel pour obtenir de bons résultats , les surfaces ne sont nullement altérées.

J'ai fait des essais pour appliquer ces pierres à l'impression lithographique et mes premiers résultats me promettent un succès complet. Il convient de laisser suffisamment durcir à l'air les surfaces après les avoir dressées et poncées, avant d'y appliquer le dessin.

Pour ce dernier usage il sera nécessaire de choisir la craie d'un grain bien serré et uniforme , car les craies naturelles sont toujurs traversées en tous sens par des veines de silicate de chaux ou de carbonate de chaux cristallisé ; ces veines deviennent apparentes par la silicatisation au point qu'après cette opération il est facile, de faire en quelque sorte , l'étude anatomique de la craie, ce qui n'est pas sans présenter quelqu'intérêt scientifique.

Ma méthode de transformer les calcaires tendres en calcaires siliceux me paraît une conquête précieuse pour l'art de bâtir. Des ornements inaltérables à l'humidité et d'une grande dureté , au moins à leur surface , pourront être obtenus à des prix peu élevés, et dans beaucoup de cas un badigeonnage fait avec une dissolution de silicate de potasse pourra servir à préserver d'une altération ultérieure d'anciens monuments construits en mortier et en calcaire tendre ; le même badigeonnage pourra devenir d'une application générale dans les contrées où , comme en Champagne , la craie forme presque l'unique matière applicable aux constructions.

On est naturellement porté à se demander ce que devient la

potasse ou le carbonate de potasse , et s'il n'y a pas lieu de craindre une altération des pierres silicatisées par l'effet de la nitrification ; l'expérience peut seule décider une pareille question. Je dirai, toutefois, qu'ayant silicatisé de la craie avec du silicate de soude, il s'est formé à la surface de cette pierre d'abondantes efflorescences de carbonate de soude et que la pierre n'en a été nullement altérée, tant elle avait acquis de dureté. J'ai étendu ma méthode de *silicatisation* ou de silicification aux carbonates de baryte, de strontiane, de magnésie, de plomb, etc. Les mêmes réactions ont lieu et des produits analogues s'obtiennent.

Formation des silicates calcaires naturels.

La nature paraît avoir eu souvent recours à des transformations analogues à celles que j'emploie pour fabriquer des pierres artificielles. Mes essais ne tendent-ils pas à faire admettre que le silicate de chaux qui accompagne les craies n'a d'autre origine que celle résultant d'une infiltration de silicate de potasse ou de soude à l'état de dissolution dans l'eau. La présence d'un peu de potasse que j'ai trouvée dans la craie , la conformation des veines de silicate de chaux qui traversent souvent les pierres en tous sens donnent un grand poids à cette opinion.

Causes du durcissement des pierres artificielles.

Il restait un point important à décider : comment doit-on envisager l'action de l'air dans le durcissement des pierres artificielles ?

Il est évident que le silicate de chaux produit par l'échange d'acide , présentant un état gélatineux au moment de sa production, la craie imprégnée de ce silicate ne peut prendre de dureté que par le retrait successif que doit atteindre ce silicate par dessiccation ou par une combinaison plus intime. Mais cette cause qui explique convenablement la propriété qu'ont les craies en général de durcir à l'air par une longue exposition , est-elle la seule

qui intervienne dans le durcissement des craies silicatisées artificiellement ? Des boules de craie de même diamètre et de même
origine, *silicatisées* dans les mêmes conditions, furent, au sortir
de la dissolution de silicate de potasse, l'une exposée à l'air libre,
l'autre placée sous une cloche avec quelques fragments de chaux
vive, en interceptant toute communication avec l'air extérieur; au
bout de quatre jours la boule exposée à l'air libre avait pris une
dureté sensiblement plus grande que celle placée sous la cloche.

Je crois pouvoir conclure de ce fait que l'acide carbonique de
l'air intervient dans le durcissement des silicates artificiels lorsqu'ils restent imprégnés de silicate alcalin, et je n'eus pas de
peine à m'en assurer en mettant des craies récemment imprégnées
de silicate en contact avec de l'acide carbonique. Ce dernier fut
absorbé en grande quantité. Je reconnus bientôt que cette absorption d'acide carbonique était due au silicate de potasse retenu par
la craie, à cause de sa porosité, et qui, se trouvant par cette
absorption transformé en carbonate de potasse, détermine dans
la masse calcaire un dépôt de silice, qui, en se contractant con-
court puissamment à lui faire acquérir une grande dureté.

Lorsqu'on expose à l'air une dissolution de silicate de potasse,
elle se coagule lentement et présente au bout d'une quinzaine
de jours une gelée parfaitement transparente qui prend successivement du retrait et acquiert une grande dureté sans perdre sa
transparence La potasse passe à l'état de carbonate; après plusieurs mois la silice ainsi obtenue est assez dure pour rayer le
verre.

(Le mémoire se termine par des considérations sur la formation
des roches siliceuses, alumineuses, etc., par voie humide.)

DEUXIÈME MÉMOIRE

SUR LES CHAUX HYDRAULIQUES, LES PIERRES ARTIFICIELLES ET DIVERSES
APPLICATIONS NOUVELLES DE SILICATES SOLUBLES.

1855.

PREMIÈRE PARTIE.

Chargé, vers la fin de 1840, d'une expertise relative à des efflorescences abondantes qui s'étaient produites dans une construction toute récente et qu'on attribuait à la nitrification, je n'eus pas de peine à me convaincre que les sels effleuris étaient formés en grande partie de carbonate de soude, et que la chaux qui avait été employée, chaux hydraulique des environs de Tournay, n'avait pas été étrangère aux causes des efflorescences observées ; un examen plus minutieux m'apprit bientôt que toutes les chaux et notamment les chaux hydrauliques et les ciments naturels, contiennent des quantités notables de potasse et de soude.

Théorie des chaux hydrauliques.

Dans un travail que j'ai publié en 1841, j'ai cherché à expliquer le rôle que la potasse et la soude pouvaient jouer dans les pierres à ciment, et j'ai admis que ces alcalis servent à transporter la silice sur la chaux et à constituer ainsi des silicates qui, au contact de l'eau, solidifient une partie de ce corps, constituant une hydratation analogue à celle de plâtre. Je présentai dès lors à l'Académie des sciences des faits nombreux à l'appui de cette théorie, celui, entr'autres, de la transformation

immédiate de la chaux grasse en chaux hydraulique par son seul contact avec une dissolution de silicate de potasse. Si , lors de la cuisson d'une pierre à chaux , de la potasse est en contact avec de la silice , le silicate qui se forme doit nécessairement réagir , ce ne fût-il qu'au moment où la chaux cuite est mise en contact avec de l'eau.

J'ai beaucoup étendu mes expériences sur ce point, et j'ai constaté que l'on peut, avec de la chaux grasse et du silicate alcalin, tous deux pulvérisés très-fin et mélangés dans la proportion de 10 à 12 de silicate pour 100 de chaux grasse , obtenir une chaux qui présente tous les caractères des chaux hydrauliques. Si les matières n'étaient pas bien pulvérisés , la réaction serait très-incomplète, et un effet subséquent à la solidification déterminerait bientôt une désagrégation.

Si de mes essais anciens il est résulté la possibilité de convertir un mortier à chaux grasse en mortier hydraulique , en l'arrosant avec une dissolution de silicate alcalin , dans mes essais plus récents j'ai trouvé un moyen de produire immédiatement , avec le silicate vitreux et la chaux , des ciments hydrauliques dont on peut varier à volonté l'énergie. Cela permettra de faire assez économiquement des constructions hydrauliques sur les points où il n'existe que des calcaires à chaux grasse. Le silicate de potasse pulvérisé devient donc , en quelque sorte , un agent hydraulisateur dont une plus longue pratique déterminera la véritable utilité.

Silicatisation ; pierres artificielles.

En voyant la grande affinité de la chaux pour la silice dissoute à la faveur de la potasse, je fus naturellement conduit à examiner l'action des silicates alcalins sur les pierres calcaires : là je fus plus heureux encore , car les silicates alcalins devinrent immédiatement l'objet d'applications très-étendues et d'une haute utilité. Voici ce que nous lisons à cet égard dans le *Compte-rendu des séances de l'Académie des Sciences* (séance du 5 mai 1841) :

« En délayant de la craie en poudre dans une dissolution de
» silicate de potasse , on obtient un mastic qui durcit lentement
» à l'air , en prenant assez de dureté pour devenir applicable ,
» dans quelques circonstances , à la restauration des monuments
» publics , à la fabrication des objets de moulure , etc.

« La craie , en pâte artificielle ou en pierre naturelle , plongée
» dans une dissolution de silicate de potasse absorbe , même à
» froid , une quantité de silice qui peut devenir considérable, en
» exposant la pierre alternativement , et à plusieurs reprises , à
» l'action de la dissolution siliceuse et à l'air : la craie prend un
» aspect lisse, un grain serré et une couleur plus ou moins jaunâtre
» suivant qu'elle était plus ou moins ferrugineuse. Les pierres
» ainsi préparées sont susceptibles de recevoir un beau poli ; le
» durcissement d'abord superficiel pénètre peu à peu au centre ,
» alors même que la pierre présente une assez grande épaisseur;
» elles paraissent pouvoir devenir d'une utilité incontestable pour
» faire des travaux de sculpture , des ornements divers d'un tra
» vail même très-délicat ; car, lorsque la silicatisation a lieu sur
» des craies bien sèches, ce qui est essentiel pour obtenir de bons
» résultats , les surfaces ne sont nullement altérées. Des essais
» faits pour appliquer ces pierres à l'imprimerie lithographique
» promettent un succès complet.

» Cette méthode de transformer les calcaires tendres en cal-
» caires siliceux peut devenir une conquête précieuse pour l'art
» de bâtir. Des ornements inaltérables à l'humidité , et d'une
» grande dureté , pourront être obtenus à des prix peu élevés ,
» et , dans beaucoup de cas , un badigeonnage fait avec une
» dissolution de silicate de potasse pourra servir à préserver
» d'une altération ultérieure d'anciens monuments construits en
» calcaire tendre ; ce même badigeonnage pourra devenir d'une
» application générale dans les contrées où , comme en Cham-
» pagne , la craie forme presque l'unique matière applicable aux
» constructions. »

Toutes ces améliorations dans l'art de bâtir et d'orner nos constructions, si complétement décrites dès 1841, sont déjà largement entrées dans le domaine de la pratique et bientôt tous nos grands monuments auront trouvé dans la silicatisation des conditions précieuses de durée et d'inaltérabilité.

Il est un point important que j'ai cherché dès lors à élucider : comment doit-on envisager l'action de l'air dans le durcissement des calcaires siliceux ou artificiels ? J'ai démontré expérimentalement qu'une partie de la silice du silicate se sépare par l'action de l'acide carbonique de l'air, mais que les parties de ce silicate qui ont eu le contact d'une quantité suffisante de carbonate de chaux, passent à l'état de silicate de chaux. Mes publications de 1841 signalaient encore les nombreuses applications industrielles auxquelles l'injection artificielle des substances minérales dans l'intérieur des corps poreux peut donner lieu, soit qu'on opère sur les matières organiques ou sur les matières inorganiques.

Préoccupé de l'importance de toutes ces applications pour l'art de bâtir, j'ai essayé d'en étendre le nombre, et je viens signaler à l'Académie une série nouvelle d'observations.

J'avais donné le nom de *silicatisation* à cette remarquable transformation des calcaires tendres et poreux en calcaires siliceux et compactes. Comme les opérations de cette silicatisation des sculptures et constructions donnent lieu à des colorations des pierres souvent très-prononcées, ce qui rend les joints plus apparents et les veines plus marquées, je me suis efforcé de remédier à cet inconvénient.

Il y avait deux points essentiels et généraux à rencontrer : les murs en craie restent trop blancs, alors que certains calcaires ferrugineux prennent des nuances trop sombres ; pour obvier à ces inconvénients, je produis la silicatisation des calcaires trop blancs avec un silicate double de potasse et de manganèse. C'est une matière vitreuse d'un violet foncé, qui donne une dissolution brune laquelle, appliquée à la silicatisation, laisse

2

déposer dans la pâte siliceuse artificielle un peu d'oxyde de manganèse.

L'oxyde de cobalt se combine aussi, mais en plus petite quantité, avec le silicate de potasse ; la silice précipitée par un courant d'acide carbonique est d'un beau bleu d'azur ; ce silicate pourra trouver son emploi dans le traitement des marbres blancs

Lorsque les nuances des pierres sont trop foncées, et cela est plus général, j'obtiens d'excellents résultats en délayant dans la dissolution de silicate, de petites quantités de sulfate artificiel de baryte' qui,, en pénétrant dans la pierre poreuse, en même temps qu'il se forme une couche siliceuse, y reste fixement retenu, entrant, ainsi que nous le verrons plus loin, dans un état de combinaison chimique.

Quant aux joints, ils peuvent se faire avec des ciments ordinaires dont les nuances sont éclaircies au moyen de matières blanches, mais ils peuvent encore être plus complétement dissimulés avec les fragments de la pierre elle-même, mêlée avec du silicate de potasse vitreux, le tout pulvérisé très-fin, au préalable de l'emploi, et appliqué à l'état de pâte liquide.

Teinture de la pierre.

Dans le cours de mes recherches tendant à donner aux pierres silicatisées les nuances destinées à mettre en harmonie les diverses parties de nos constructions, soumises à la silicatisation, avec celles qui n'ont pas subi cette opération, j'ai été conduit à soumettre les pierres à une véritable teinture en les imprégnant d'abord de certains sels métalliques, pour ensuite y déterminer des précipitations de composés colorés. Ainsi, en imprégnant les pierres de sels de plomb ou de cuivre et en les mettant ensuite en contact avec du gaz sulfhydrique ou une dissolution de sulfhydrate d'ammoniaque, j'obtiens à volonté des nuances grises, noires ou brunes. Avec les sels de cuivre et le ferrocyanure de potassium, j'obtiens des nuances cuivreuses, etc. A cette occasion j'ai fait une observation qui , au point de vue des théories chimiques , comme aussi des applications industrielles , n'est pas dénuée d'intérêt. J'ai constaté que les calcaires poreux et tous autres corps d'une composition analogue , lorsqu'on les soumet à l'ébullition dans des dissolutions de sulfate métallique à oxydes insolubles dans l'eau, donnent lieu à un dégagement d'acide carbonique et à la fixation à une assez grande profondeur des oxydes métalliques en combinaison intime avec du sulfate de chaux. Lorsque les sulfates métalliques sont à oxydes colorés, on obtient ainsi de très-belles teintures en diverses nuances très-pures. Ainsi , avec le sulfate de fer on produit des teintures en rouille plus ou moins foncées , selon qu'on opère avec des dissolutions de couperose plus ou moins concentrées ; avec le sulfate de cuivre , la pierre reçoit une magnifique teinture en vert ; avec le sulfate de manganèse , on a des nuances brunes ; avec un mélange de sulfate de fer et de sulfate de cuivre , j'obtiens une couleur chocolat. J'ai de même expérimenté avec les sulfates de nickel, de chrome , de cobalt , etc., et avec des mélanges de ces sulfates. Les affinités qui déterminent ces réactions sont assez puissantes pour que les oxydes métalliques des sulfates puissent être si complétement absorbés par le carbonate de chaux que, pour certains oxydes , tels que celui de cuivre , il n'en reste pas dans les liquides , après l'ébullition avec un excès de craie , des traces appréciables aux réactifs les plus sensibles. Il est à remarquer que , lorsqu'on opère avec des mélanges de sel de cuivre et de sel de fer ou de manganèse , ce sont les oxydes de fer et de manganèse qui se précipitent les premiers.

Lorsqu'on opère avec des sulfates à oxydes incolores , tels que les sulfates de zinc , de magnésie ou d'alumine , on obtient également la précipitation des oxydes et leur pénétration jusqu'à une certaine profondeur dans la pierre avec dégagement d'acide carbonique. Le biphosphate de chaux donne des résultats analogues.

Nous examinerons plus tard ce que cette réaction présente de général et l'explication qu'elle permet de donner de certaines épigénies.

Dans la plupart des circonstances, pour faire entrer les pierres teintes dans les constructions ou pour en former des mosaïques, il sera utile d'augmenter leur dureté par la silicatisation. On procédera de même pour les objets en coquillage, en corail blanc, etc., dont on aura produit la teinture par es mêmes procédés en opérant à des pressions diverses.

Je terminerai sur ce point par une observation importante : c'est que les sulfates doubles qui se forment en pénétrant dans la pierre, font corps avec elle et en augmentent la dureté, au point que par l'emploi de certains sulfates, tels que celui de zinc, la silicatisation devient moins nécessaire.

DEUXIÈME PARTIE.

Peintures siliceuses.

Dans mes premières recherches sur la silicatisation des pierres, en constatant la grande affinité de la chaux pour l'acide silicique, j'ai été conduit à examiner l'action de cette base sur les acides à réaction peu prononcée ou sur les oxides pouvant jouer le rôle d'acide, et j'ai été à même de constater que la chaux séparait l'alumine de l'aluminate de potasse, l'oxide d'étain du stannate de potasse, l'oxide de zinc du zincate d'ammoniaque et l'oxide de cuivre du cuprate ammoniacal. Dans cette dernière réaction, j'ai trouvé une explication que je crois satisfaisante de la formation comme aussi de la constitution chimique des cendres bleues.

Dès cette époque (1841), j'ai obtenu, avec de la chaux vive délitée et des dissolutions de sulfate d'alumine et d'autres sulfates métalliques, des composés dont aujourd'hui je viens constater la formation lorsqu'on fait chauffer ces dissolutions avec du carbonate de chaux et d'autres carbonates. De même qu'après avoir constaté que la chaux vive enlevait la silice aux silicates alcalins en dissolution, j'ai bientôt découvert que cette propriété appartenait aussi au carbonate de chaux.

C'est là un rapprochement qui n'aura pas échappé aux chimistes. Il me reste à signaler un autre développement de mes recherches sur les silicates solubles.

Je disais en 1841 : *Toutes les fois qu'on met en contact un sel réputé insoluble dans l'eau avec la dissolution d'un sel dont l'acide peut former, avec la base du sel insoluble, un sel plus insoluble encore, il y a échange, mais le plus souvent cet échange n'est que partiel, ce qui permet d'admettre la formation de sels doubles.*

Par une application directe de cette loi, je suis parvenu à silicatiser en quelque sorte la céruse, le chromate de plomb, le chromate de chaux et la plupart des carbonates métalliques. D'autres essais ont eu lieu avec des oxides, notamment avec l'oxide de plomb.

Arrivé à cette limite de mes recherches, je fus conduit naturellement à les étendre à l'application des silicates alcalins à la peinture.

En abordant l'étude des chaux hydrauliques, j'ai rendu un juste hommage aux travaux de Vicat ; aujourd'hui, en abordant cette nouvelle étude, j'aime à signaler l'importance des travaux de Fuchs. Les applications faites lors de la reconstruction du théâtre de Munich, par l'habile professeur bavarois des silicates de potasse ou de soude (wasserglas) pour rendre les tissus incombustibles, ont ouvert, au point de vue de la fixation des couleurs, une voie où d'autres expérimentateurs, et plus particulièrement Kaulbach et Dingler sont entrés, à des points de vue différents, une voie que le but de ce travail est d'ouvrir plus large encore aux savants et aux artistes qui la croiront susceptible de conduire à un résultat utile (1).

---

(1) En communiquant, avant de les publier, à mes illustres amis M. Liebig et M. Mitscherlich, mes observations relativement à l'application des silicates solubles à la peinture, à l'impression, etc., j'ai reçu de l'un et de l'autre de ces savants l'avis qu'une partie de ces applications avaient déjà eu lieu en Allemagne, et que le célèbre peintre Guillaume de Kaulbach avait, dès 1847, employé d'après les indications de M. Fuchs, professeur de minéralogie à l'Université de Munich, le silicate soluble de soude (wasserglas) dans la fixation des peintures à fresque exécutées au nouveau musée de Berlin.

Dans un récent voyage que j'ai fait à Munich, M. Liebig m'a procuré la satisfaction de connaître personnellement M. Fuchs. C'est un respectable vieillard de 82 ans, dont l'affaiblissement des facultés physiques n'a pu éteindre encore la grande perspicacité et l'ardeur au travail.

M. de Kaulbach se trouvait en ce moment à Berlin, et je n'ai pu voir qu'un spécimen de ses travaux de peinture à fresque fixée au wasserglas, c'est un paon de grandeur naturelle peint sur le mur extérieur de son atelier, donnant dans un jardin.

J'ai dû regretter aussi de ne pas rencontrer à Munich M. le professeur Pettenkofer, qui a suivi avec une grande attention les travaux de M. Fuchs sur la nouvelle peinture à fresque, travaux dont il fait une glorification méritée dans le journal polytechnique de Dingler, tout en respectant le secret gardé jusqu'ici par M. Fuchs, relativement à la composition de ses couleurs.

A la suite de l'incendie du théâtre de Munich, l'utilité de trouver un enduit qui

Par un examen comparatif des propriétés spéciales d'un grand nombre de corps propres à la peinture siliceuse, j'ai cherché à établir les principes de ce genre de peinture, de même que précédemment j'ai cherché à fixer les opinions des chimistes sur la silicatisation des pierres et en général sur la pénétration de silice de toute matière organique ou inorganique.

Peinture sur pierre.

Mes premiers essais ont eu pour but l'application au pinceau des couleurs, et en particulier des couleurs minérales sur pierre, en remplaçant l'huile et les essences par des dissolutions de silicate de potasse.

Lorsque, pour effectuer ce genre de peinture, on vient à broyer la céruse ou l'oxide de zinc avec la dissolution de silicate de potasse, il y a, au moment du contact, transformation de la céruse ou de l'oxide de zinc en silicate, et cette transformation est presque instantanée; en sorte qu'il ne reste pas le temps nécessaire pour appliquer au pinceau la couleur nouvelle avant sa consolidation. Il convient, pour rendre ces matières aptes à la peinture siliceuse de retarder cette consolidation en ajoutant à la céruse, ou, ce qui donne de meilleurs résultats, à l'oxide de zinc une quantité considérable de sulfate de baryte artificiel, sur lequel la dissolution siliceuse n'exerce qu'une action lente. Il vaudrait mieux, pour la facilité de la peinture, n'employer comme base blanche que ce dernier sulfate, qui fait parfaitement corps avec la dissolution siliceuse et paraît même s'y combiner chimiquement, mais il en résulterait une couleur demi-transparente,

---

pût rendre incombustibles les décorations et les charpentes du nouveau théâtre fixa plus particulièrement l'attention de M. Fuchs. Le travail qu'il présenta à cette occasion à l'Académie royale de Munich, le 13 mars 1824, lui valut de la libéralité éclairée du Roi de Bavière une médaille d'or et un prix de cent ducats. Ce travail, trop ignoré en France et dont la connaissance antérieure m'eût épargné bien des recherches, peut être considéré comme une introduction à toutes les applications subséquentes des silicates alcalins.

Décembre 1855.

une couleur qui, selon l'expression des peintres, couvre peu ; de là l'utilité d'employer des mélanges de l'oxide de zinc ou de la céruse avec le sulfate en question.

Je considère l'application du sulfate de baryte artificiel à la peinture siliceuse comme un des plus importants résultats de mes recherches. C'est une base blanche peu coûteuse et qui facilite beaucoup l'application des couleurs en général au pinceau.

Si des bases blanches on passe aux diverses matières minérales colorées, des réactions analogues se manifestent. Il est des couleurs qui sont en quelque sorte trop siccatives ; d'autres ne durcissent que trop lentement, suivant qu'il y a des combinaisons plus ou moins intimes, plus ou moins promptes entre la base colorée et l'acide silicique, combinaisons qui généralement retiennent avec une grande persistance une certaine quantité de potasse. Sans aborder encore l'étude des composés siliceux qui se forment, et en restant d'une manière absolue sur le terrain des faits pratiques, je dirai que les couleurs dont l'application m'a le mieux réussi, sont le vermillon (1), l'outremer bleu et vert, le sulfate de cadmium, les oxides de manganèse, les ocres, l'oxide de chrôme, etc.

J'ajouterai que les couleurs peu siccatives sont rendues propres à la peinture par leur mélange avec des couleurs plus siccatives, ou par l'addition de bases blanches très-siccatives.

Les peintures, lorsque la couleur est broyée avec la dissolution siliceuse concentrée, s'exécutent bien plus nettement sur les pierres silicatisées que sur celles non silicatisées : ces dernières présentent une proprité absorbante qui appauvrit la couleur de la silice qui lui sert de ciment. Si l'on opère par ces moyens sur des pierres qui n'ont pas été saturées de silice par leur exposition alternative et à plusieurs reprises à l'action de la dissolution

---

(1) L'expérience m'a appris que le vermillon prenait, après quelques mois d'application, une couleur violacée, surtout dans la peinture sur bois.

Décembre 1855.

siliceuse et à l'air, il convient au moins de faire une première imprégnation des surfaces à couvrir de peinture par un seul arrosement des pierres avec une faible dissolution de silicate.

Lorsque les peintures à faire ne permettent pas de grandes dépenses et ne sont pas destinées à être poncées, on peut recourir à une simple silicatisation des murailles couvertes au préalable de couleurs broyées à l'eau, comme s'il s'agissait d'une peinture à fresque.

Dans les travaux de silicatisation des murailles nues ou couvertes de peinture qui ont eu lieu depuis plusieurs années en Allemagne, à la suite des publications de M. Fuchs et des miennes, la silice est appliquée en arrosant les murs avec de la dissolution de silicate de soude, au moyen de pompes portatives ou de seringues dont le jet se trouve divisé sous forme de pluie, le liquide étant forcé de passer à travers un disque percé de petits trous. D'autres seringues en usage à Munich sont disposées de manière à diviser le jet par l'expulsion simultanée de dissolution siliceuse et d'air.

Peinture sur bois.

Dans l'application de la peinture sur bois, on rencontre un autre genre de difficultés. Tandis que la surface des pierres qui reçoivent la peinture reste invariable ; celle du bois, par l'effet même de son humectation par l'eau qui sert de véhicule à la couleur, tend à se tourmenter et à se fendiller au point que certains bois ne peuvent que difficilement recevoir des couleurs bien adhérentes.

Le contact seul de la dissolution alcaline change l'aspect physique des bois ; il les brunit en général : ainsi du chêne jeune passe à la nuance du chêne vieux. Les bois qui reçoivent le plus facilement la peinture siliceuse sont les bois à tissus blanc et serré, tels que le frêne et le charme.

Un autre inconvénient se présente encore lorsque les couleurs et l'enduit siliceux, formant vernis, sont trop épais : c'est que la peinture appliquée se fendille, inconvénient qui appartient du reste aussi aux peintures ordinaires, lorsqu'elles sont appliquées à de trop grandes épaisseurs et qu'elles sèchent trop vite.

Peinture sur métaux, sur verre, sur porcelaine, etc.

La peinture siliceuse est fortement adhérente aux métaux si l'on a eu soin d'éviter leur contact avec l'eau pendant quelque temps ; il en est de même de la peinture sur verre et sur porcelaine. Dans la peinture sur verre, les couleurs siliceuses prennent une demi-transparence qui permet de les utiliser dans la construction des vitraux d'église ; le bas prix auquel cette peinture peut s'établir lui promet un emploi très-considérable dans le décors des habitations.

Le sulfate artificiel de baryte, appliqué, au moyen de silicate de potasse, sur le verre, donne à ce dernier une couleur d'un blanc de lait d'une grande beauté ; le sulfate fait intimement corps avec la silice ; après peu de jours de repos, le silicate de potasse n'est plus enlevé, même par un lavage à l'eau chaude. Lorsqu'on soumet le verre ainsi peint à l'action d'une température élevée, il se produit à sa surface un bel émail blanc qui peut remplacer économiquement les émaux à base d'oxide d'étain. Le bleu d'outremer, l'oxide de chrome, les émaux colorés et porphyrisés, deviennent d'une grande ressource dans la nouvelle méthode de peinture ; s'il n'y a pas combinaison chimique dans toutes ces applications de couleurs, au moins il y a une adhérence très-forte, déterminée par le ciment siliceux dont le durcissement est facilité sans doute par l'excessive division avec laquelle il se présente à l'action de l'air. C'est ainsi qu'avec de l'émeri, du fer oligiste, et surtout du peroxide de manganèse incorporés, à l'état d'une poudre très-fine, dans une dissolution concentrée de silicate de potasse, j'obtiens des mastics qui acquièrent une dureté extrême et qui résistent à l'action de la chaleur sans se désagréger, mais qui présentent l'inconvénient de n'acquérir qu'à la longue une entière insolubilité dans l'eau. Le mastic de peroxide de manganèse appliqué par couches minces à la surface du fer s'y vitrifie à une haute température.

Impression sur papier , étoffes , etc. Typographie , encre à écrire.

J'ai étendu mes applications de silicates solubles à la fabrication des papiers peints , à l'impression typographique , à l'impression sur étoffes , à la dorure , etc. Après avoir vaincu quelques difficultés pratiques propres à chaque genre de travail , j'ai parfaitement réussi. Les procédés mis en œuvre diffèrent très-peu de ceux en usage dans les divers modes d'impression : une condition importante à réaliser , c'est le maintien dans un état d'humidité toujours uniforme des couleurs siliceuses pendant leur application, soit que cette application ait lieu avec des planches en bois ou en métal , soit qu'on ait recours aux caractères d'imprimerie.

Toutes les couleurs que j'ai appliquées sur pierre , sur bois, sur métaux et sur verre , peuvent servir à l'impression sur papier et sur étoffes ; la typographie, l'impression en couleurs, l'application de l'or et de l'argent en poudre ou en feuilles, tout s'exécute avec une extrême facilité en ayant soin , pour certaines couleurs , d'écarter les sulfures dans la préparation des silicates. Le silicate de potasse permet de fixer l'outremer sur étoffes avec plus de solidité et d'économie que par les procédés actuels.

En broyant le charbon divisé qui sert à fabriquer les encres de Chine avec du silicate de potasse en dissolution , j'obtiens une encre à écrire d'une presque entière indestructibilité par les agents chimiques. L'on peut encore obtenir une encre analogue , en altérant à chaud du cuir par de la potasse caustique (encre Braconnot), et en ajoutant à la matière noire charbonneuse et alcaline , ainsi obtenue , de la silice en gelée pour saturer la potasse. Une décoction de cochenille mêlée à une dissolution de silicate de potasse donne une encre rouge dont la couleur est longtemps protégée contre l'action du chlore et des acides.

Je n'entrerai pas ici dans une longue énumération des détails pratiques concernant ces applications , dont des spécimen ont déjà pu figurer à l'Exposition universelle des produits de l'industrie ; j'aborderai une dernière question qui touche plus directement aux réactions chimiques.

TROISIÈME PARTIE.

Fixation de la potasse dans la peinture siliceuse.

L'application des peintures sur pierres calcaires, au moyen du silicate de potasse, permet d'expliquer comment, après quelque temps de séjour à l'air, les couleurs peuvent devenir entièrement insolubles dans l'eau. Le contact du carbonate de chaux avec le silicate de potasse, détermine toujours la décomposition de ce sel et sa transformation en silicate de chaux, qui retient la matière colorante, et même de l'acide carbonique, conformément aux présomptions récemment exprimées par M. Fuchs ; mais lorsque les couleurs sont appliquées sur des corps qui ne réagissent pas sur le silicate soluble, tels que le bois, le fer, le verre, etc., il devient nécessaire de chercher des conditions d'insolubilité dans la réaction même de la matière colorante sur ce silicate. Pour le bois, la difficulté peut être levée par l'application, avant de procéder à la peinture siliceuse, d'un enduit crayeux assez épais pour permettre le ponçage ; la craie pouvant être appliquée à la colle ou fixée avec très-peu de silicate.

Alors même que les décompositions du sel alcalin sont déterminées par la matière colorante elle-même, il reste encore un inconvénient grave : c'est l'exsudation dans les temps humides du carbonate de potasse, jusqu'à l'expulsion complète de ce sel. Longtemps j'ai tenté de remédier à ce vice capital des peintures siliceuses ; j'ai cherché dans diverses réactions chimiques un remède à cet inconvénient ; j'ai constaté qu'un lavage de ces peintures avec une dissolution faible de chlorhydrate d'ammoniaque permet de déterminer l'insolubilité absolue de la couleur, mais il reste du chlorure de potassium qui en altère l'éclat jusqu'après son expulsion par des lavages répétés; force a été de recourir au petit nombre d'agents chimiques susceptibles de fixer la potasse, en formant avec elle des composés insolubles dans la couleur même, mais sans en effectuer l'élimination : l'acide perchlorique et l'acide hydrofluosilicique sont les agents chimiques qui devaient d'abord se présenter à l'esprit.

Au point de vue théorique, il n'y avait que l'embarras du choix, mais l'acide hydrofluosilicique était le seul agent sur lequel mon attention pouvait s'arrêter au point de vue de l'application industrielle. J'ai constaté si souvent que par des lavages ménagés avec de l'acide hydrofluosilicique on augmentait considérablement la fixité des couleurs et déterminait leur entière insolubilité, que je n'hésite plus aujonrd'hui à signaler l'utilité de cet agent dans toute espèce de peinture siliceuse, mais surtout dans la peinture sur verre, pourvu qu'il soit employé en dissolution très-faible; car, à l'état de concentration, il possède la propriété remarquable de dissoudre la plupart des oxydes, et ce ne sera pas sa propriété la moins précieuse pour l'industrie lorsque cet acide sera livré au commerce à des prix modérés.

Les couleurs siliceuses sur verre ont une certaine demi-transparence qu'il importe de conserver, mais qui tend à diminuer graduellement par l'action de l'eau. Des vitraux peints au silicate ont été soumis à l'ébullition dans de l'eau sans que les couleurs se soient détachées; ces couleurs étaient même avivées, vues par réflexion; mais si, après cette amélioration apparente, on en examinait l'effet par transparence, on apercevait qu'elles étaient ternies, ce que j'attribue à l'état d'opacité qu'elles avaient acquis, et qui résultait de la dissolution d'une partie de ciment siliceux, qui agit sur ces couleurs comme l'huile agit sur le papier. L'emploi bien ménagé de l'acide hydrofluosilicique permettra donc de donner aux peintures sur verre une entière insolubilité; mais, de même que l'emploi du muriate d'ammoniaque, celui de l'acide hydrofluosilicique diminue un peu leur transparence. On sera peut être conduit à donner, à de longs intervalles, aux peintures sur verre exposées à la pluie, un léger vernis au silicate de potasse pur. Une longue expérience peut seule fixer les opinions sur ce point. Ce même vernis remplacera avec avantage les essences dans l'application de certaines couleurs par les procédés actuels de peinture sur verre et sur porcelaine ; il n'aura pas comme les essences l'inconvénient d'altérer certaines couleurs par la réduction des oxides ou des sels colorants.

Fluosilicatisation des pierres.

Dans toutes les recherches dont j'ai eu l'honneur de présenter le résumé à la Société, après avoir écarté la soude dans la préparation des silicates pour éviter des efflorescences, je suis constamment resté sous l'impression d'une certaine inquiétude, relativement aux inconvénients que pouvait présenter, dans un avenir plus ou moins éloigné, la présence de la potasse ou du carbonate de potasse, non seulement dans les couleurs siliceuses, mais encore dans les pierres silicatisées. Cependant par la conservation de pierres silicatisées depuis 1841, pierres dans lesquelles aucune formation nitrière n'a eu lieu, j'ai acquis personnellement une entière sécurité sur ce point. Comme toutefois cette inquiétude était partagée par beaucoup de chimistes, et qu'une grande responsabilité morale se trouvait engagée de ma part, depuis surtout que S. Exc. M. le maréchal Vaillant, que l'on voit si noblement empressé à seconder tout progrès utile, a ordonné l'application de la silicatisation à divers grands établissements publics, et que sur la recommandation de S. Exc. M. le Ministre d'État, elle est employée à la consolidation des nouveaux travaux du Louvre, j'ai dirigé tous mes efforts vers la fixation ou l'élimination de la potasse.

Il ne me suffisait plus d'avoir organisé dans mes usines la fabrication du silicate de potasse avec assez d'économie et sur une assez large échelle pour permettre bientôt à chaque architecte d'effectuer la silicatisation à un prix qui ne dépassera pas un franc par mètre carré de surface ; j'ai voulu me mettre à l'abri de tout mécompte, et avoir réponse à toute objection, avec bien plus de résolution et de sollicitude que s'il s'agissait d'assurer le succès d'une tentative industrielle.

Ce que j'ai fait pour fixer la potasse dans les peintures, je l'ai appliqué à la silicatisation des pierres calcaires, ce ne fût-il que pour le cas où l'on aurait fait emploi de silicate trop alcalin.

Après que le durcissement des calcaires tendres et poreux par leur transformation partielle en silicate de chaux a eu lieu, j'ai voulu assurer l'insolubilité de la potasse encore retenue par les pierres après leur lavage, en les imprégnant d'une dissolution très-affaiblie d'abord, mais qui peut être graduellement augmentée en force, d'acide hydrofluosilicique, lequel pénètre dans la pierre, et forme avec la potasse un composé insoluble bien connu des chimistes.

J'ai donné le nom de *fluosilicatisation* à ces réactions successives destinées à garantir nos constructions des conséquences de l'injection superficielle d'une matière alcaline fixe qui, si elle n'amène pas à la longue des germes de nitrification, à cause de la densité qu'acquiert la pierre et de son imperméabilité à l'air et aux émanations ammonicales, tend à donner aux murs des propriétés hygrométriques qui peuvent compromettre l'hygiène des habitations·

Ces résultats n'étaient pas plus tôt acquis, que j'ai porté mon attention sur un autre ordre d'idées.

Si l'emploi de l'acide hydrofluosilicique peut être efficace pour fixer la potasse, cet acide ne peut-il pas intervenir directement pour produire la fluosilicatisation ?

L'acide hydrofluosilicique en contact avec la chaux est susceptible d'en dissoudre une certaine quantité sans précipitation immédiate de fluorure de calcium et sans séparation de silice ; mais arrivé à un certain point de saturation, toute addition nouvelle de chaux décompose entièrement l'acide hydrofluosilicique, en déplaçant tous les principes constituants solidifiables, si bien qu'aucune trace de ces corps ne se trouve plus dans le liquide. J'ai constaté que lorsqu'on substitue le carbonate de chaux à la chaux vive, les mêmes résultats se produisent et que le silicium et le fluor, en pénétrant dans la pierre calcaire, en augmentent la dureté d'une manière un peu plus lente, il est vrai, qu'en faisant emploi du silicate de potasse seul. C'est la fluosilicatisation dans toute sa simplicité, par une réaction aussi facile à comprendre que facile à réaliser dans nos travaux de construction et de restauration, et qui certainement ne peut laisser aucune espèce d'inquiétude au point de vue de réactions subséquentes.

Pour diminuer dans cette application l'action un peu corrosive que produit le premier contact de l'acide avec les pierres calcaires, et écarter toute crainte d'altération des sculptures, je sature une partie de l'acidité par une addition de craie, en m'arrêtant au point où une précipitation commence. Il serait même imprudent de faire cette saturation longtemps avant l'emploi du liquide ; car ce dernier, ainsi saturé, laisse déposer peu à peu une partie des principes pétrifiants qu'il contient.

L'action de l'acide hydrofluo silicique sur le plâtre a lieu presque instantanément par le seul contact à froid, et la surface du plâtre se durcit sensiblement ; mais si l'injection de l'acide est abondante, le plâtre se recouvre bientôt de mamelons rugueux, dus à la formation d'une certaine quantité de bisulfate de chaux, l'acide sulfurique ne pouvant être expulsé, comme l'est l'acide carbonique dans le traitement des calcaires.

Dans une dernière partie de ce travail, j'exposerai le détail de mes études concernant les meilleurs procédés de production des silicates de potasse et de soude, soit par la voie sèche, soit par la voie humide, et les éléments de la fabrication industrielle de l'acide hydrofluosilicique.

En ce qui concerne ce dernier produit, je n'aurai pas de peine à convaincre la Société qu'il peut devenir un agent industriel dont l'utilité et les applications seront d'autant plus générales que les conditions de sa production seront rendues plus écono-miques.

Enfin je terminerai ces recherches par quelques considérations déduites de l'examen des divers composés chimiques dont l'existence a été signalée dans l'exposition des applications industrielles que j'ai successivement décrites. J'examinerai le composé particulier de sulfate de chaux et d'oxides métalliques divers qui pénètrent plus ou moins profondément dans la pierre par le contact à chaud du carbonate de chaux avec divers sulfates, et la généralisation de cette action à d'autres carbonates; en second lieu, je signalerai l'état où se trouvent la silice et la potasse ou la soude dans les pierres calcaires silicatisées et les composés colorés insolubles qui constituent la base des peintures siliceuses; enfin j'analyserai la réaction qui résulte du contact de l'acide hydrofluosilicique avec un excès de carbonate de chaux et qui amène directement un durcissement considérable des pierres calcaires.

RÉSUMÉ THÉORIQUE

SUR L'INTERVENTION DES SILICATES ALCALINS DANS LA PRODUCTION
ARTIFICIELLE DES CHAUX HYDRAULIQUES, DES CIMENTS ET DES PIERRES
SILICEUSES, AVEC QUELQUES CONSIDÉRATIONS GÉOLOGIQUES SUR LA
FORMATION PAR VOIE HUMIDE EN GÉNÉRAL.

J'ai l'honneur de prier la Société de vouloir bien me prêter
encore quelques instants de son attention bienveillante pour me
permettre de compléter mes appréciations théoriques sur l'intervention des silicates alcalins dans les diverses réactions dont je
l'ai déjà entretenue à diverses époques.

Chaux hydraulique artificielle. — Lorsqu'on met en contact de
la chaux grasse délayée dans de l'eau avec une dissolution de silicate de potasse ou de soude, la potasse ou la soude sont éliminées et l'acide silicique, en se combinant à la chaux, se substitue
à une partie de l'eau qui l'imprégnait et qui formait avec elle une
pâte susceptible de se délayer indéfiniment dans ce liquide. Cette
combinaison donne à la chaux la nature d'une matière plastique,
laquelle, surtout si elle a subi l'action de la chaleur, ne blanchit
plus l'eau qui la baigne. Toutes les molécules de chaux sont
reliées entre elles par le ciment siliceux. Lorsque cette chaux,
ainsi convertie en un silicate basique se trouve, dans les constructions, mise en contact avec l'air, elle absorbe de l'acide carbonique et elle se transforme peu à peu en silicio-carbonate de chaux.

Si au silicate de potasse ou de soude on substitue les aluminate de ces bases, des phénomènes analogues se produisent.

Silicatisation des enduits ou mortiers de chaux grasse. —
Lorsque l'on arrose les murailles avec des dissolutions de silicate

de potasse ou de soude, une réaction immédiate se produit par la transformation en silicate de chaux de la chaux hydratée qui fait partie des enduits, si anciens qu'ils puissent être. Une partie de la potasse ou de la soude est éliminée. Le silicate qui, dans sa formation même, se trouve intimement lié avec du carbonate de chaux, constitue ainsi un composé analogue à celui que donne l'exposition à l'air du mortier hydraulique obtenu artificiellement par voie humide. Si le silicate alcalin est en excès, la réaction continue avec le carbonate lui-même, en vertu de la propriété que nous allons analyser.

Silicatisation des calcaires poreux. — Le carbonate de chaux naturel en contact avec le silicate de potasse ou de soude se comporte en partie comme la chaux caustique. Il élimine, par son seul contact avec le silicate alcalin, la potasse ou la soude et l'acide silicique forme avec le carbonate de chaux le même silicio-carbonate dont nous avons précédemment signalé la formation dans le durcissement des chaux hydrauliques et des platrages à la chaux grasse. C'est toujours du silicio-carbonate de chaux qui prend naissance.

Ce qui vient à l'appui de l'explication que je donne des phénomènes qui s'accomplissent dans ces transformations, c'est que dans toutes ces circonstances, même la dernière, il y a élimination de potasse ou de soude à l'état caustique et que la craie par son ébullition avec les silicates alcalins solubles peut enlever à ces silicates jusqu'à la dernière trace de silice tout en retenant l'acide carbonique qui entre dans sa composition.

Il faut donc le reconnaître, les carbonates calcaires exercent une action basique en présence de l'acide silicique qui n'est retenu par la potasse ou la soude que par une affinité des plus faibles.

L'on voit quel enchaînement intime il existe entre ces phénomènes qui tendent tous au même résultat, savoir : la formation d'un silicio-carbonate de chaux hydraté susceptible de perdre successivement son eau d'hydratation et d'acquérir la dureté caractéristique des ciments hydrauliques.

Silicatisation du plâtre. — L'action des silicates solubles sur le plâtre diffère essentiellement de celle qu'exercent les silicates sur les calcaires ; les phénomènes ne sont pas les mêmes et l'on doit ajouter : les résultats au point de vue de l'application pratique sont plus incertains et par conséquent plus difficiles à obtenir.

Les silicates alcalins en contact avec le sulfate de chaux donnent lieu à une double décomposition. A côté du silicate de chaux il se forme du sulfate de potasse ou de soude.

Or, on sait que ce dernier sel par sa cristallisation tend à détruire les calcaires poreux : on s'en sert pour éprouver les pierres gélives. Dans le durcissement du plâtre la première précaution est d'employer exclusivement le silicate de potasse.

Mais là n'est pas le plus grand inconvénient ; l'action des silicates alcalins sur la pierre calcaire poreuse est une action successive et lente qui est extrêmement favorable à la consolidation des molécules siliceuses , tandis que celle qu'exercent ces sels sur le plâtre est rapide, en quelque sorte instantanée ; de là résulte un gonflement des plus considérables qui donne au plâtre une grande porosité lorsqu'on gâche ce corps avec la dissolution siliceuse , et qui amène en peu de temps des déplacements d'écailles lorsqu'on opère sur du plâtre moulé ou mis en œuvre dans nos constructions.

Aussi , dans toutes les circonstances où j'ai parlé de l'application des silicates solubles au durcissement du plâtre , j'ai toujours insisté sur la nécessité de l'emploi de dissolutions beaucoup plus faibles que celles applicables au durcissement des pierres calcaires.

Au point de vue du durcissement du plâtre , il est à regretter que la silicatisation par l'acide hydrofluosilique présente également le grand inconvénient de laisser dans la masse de l'acide sulfurique susceptible d'en altérer la solidité.

Silicatisation des peintures à fresque. — Lorsqu'on applique mes moyens de silicatisation aux travaux de peinture à fresque, les phénomènes qui s'accomplissent sont exactement les mêmes que ceux signalés pour la silicatisation des mortiers à chaux grasse. On sait que dans cette peinture, les couleurs broyées à l'eau, sont appliquées sur un enduit de chaux grasse et de sable pendant qu'il n'est encore que légèrement raffermi, et que les couleurs se trouvent ainsi fixées par le carbonate de chaux lui-même dont des pellicules cristallisées viennent envelopper les couleurs et leur donner un aspect mat et vaporeux qui donne une grande valeur artistique à ce genre de peinture.

Lorsqu'on arrose avec des pompes les surfaces de murailles recouvertes de peintures, les parties superficielles de l'enduit de chaux grasse prennent la composition et les propriétés des ciments hydrauliques et en acquièrent la dureté.

Peinture siliceuse au pinceau. Dans cette peinture avec des couleurs broyées au silicate, les carbonates et les oxides qui font partie des couleurs forment lentement des combinaisons intimes avec l'acide silicique et la potasse ou la soude est déplacée. Si la couleur est une matière inerte, non susceptible de combinaison chimique, il se produit, par la seule action de l'acide carbonique de l'air, une pâte siliceuse qui constitue un ciment extrêmement adhérent et acquiert en peu de temps, par l'élimination des alcalis, une entière insolubilité.

Lorsque ces peintures s'appliquent sur des murailles en plâtrage à la chaux ou en pierre calcaire, l'adhésion devient plus intime, le silicate alcalin agissant à la fois sur la matière colorante et sur le carbonate de chaux de la muraille. Dans ce dernier cas, il devient essentiel, pour éviter l'apauvrissement trop prompt de la couleur de son ciment siliceux, d'arroser les murs, au préalable de l'application des couleurs, avec une faible dissolution de silicate alcalin.

De même que pour le plâtre, il est des couleurs qui sont trop vivement et trop profondément modifiées dans leur nature par le contac, lues silicates alcalins ; cela fait que la céruse, le chrômate de plomb et quelques autres sels qui se transforment en un silicate gélatineux, doivent être écartés avec le même soin que ceux qui sont altérés par la réaction alcaline des silicates.

Impression siliceuse. Lorsque les silicates sont bien saturés de silice, le papier sur lequel l'impression a lieu ne s'altère nullement, mais l'on est cependant en droit de se demander si aucune réaction n'aura lieu avec le temps.

Quant à l'impression sur étoffes, après quelques jours d'exposition à l'air, la silice est fixée et le lavage enlève la potasse ou la soude.

Les parties de silicate qui auraient conservé de la solubilité peuvent être fixées par un léger savonnage ou même par un bain de sel marin, ce corps étant susceptible de former avec les silicates alcalins un composé peu soluble dans l'eau.

Injection siliceuse. En étendant l'application des silicates solubles, comme je l'ai fait dès 1841, à l'injection artificielle de silice de toutes les pierres poreuses et en général des matières organiques et inorganiques, il n'y avait plus à attribuer le durcissement de ces corps à d'autre réaction qu'à la décomposition des silicates par l'action lente de l'acide carbonique de l'air et à la contraction graduelle de la silice, c'est ce que j'ai fait dès lors, et cela m'a suggéré quelques considérations sur la formation des pâtes siliceuses ou alumineuses naturelles et en général sur les espèces minérales formées par la voie humide.

Considérations géologiques. — Je disais en 1841 : « En réflé-
» chissant à cette admirable réaction (celle qui amène le durcis-
» sement des pierres calcaires par la silice), n'est-on pas conduit
» naturellement à attribuer non-seulement toutes les infiltrations
» et les cristallisations de silice dans les roches calcaires, mais
» encore la formation d'une infinité de pâtes siliceuses et alumi-
» neuses naturelles, à des réactions analogues ; n'est-on pas
» conduit à admettre que le silex pyromaque, les agates, les

» bois pétrifiés et autres infiltrations siliceuses n'ont eu d'autre
» origine ; qu'ils doivent leur formation à la décomposition lente
» du silicate alcalin par l'acide carbonique. C'est là une question
» qui est appelée à jeter une vive lumière sur l'histoire naturelle
» du globe , et qui paraît presque amenée à un état de démons-
» tration par la présence de la potasse , que j'ai trouvée , en
» petite quantité, dans différentes pierres siliceuses , telles que le
» silex pyromaque , l'opale de Castellamonte , etc. » (Comptes-
rendus des séances de l'Académie des sciences , séance du 10
mai 1841).

Mes appréciations sur l'intervention de la potasse dans la formation des espèces minérales ne se sont pas arrêtées à la silice et
à l'alumine , la présence de la potasse constatée dans le peroxide
de manganèse cristallisé, dans le fer oligiste, le sulfure d'anti-
moine, le sulfure de molybdène , etc., m'ont permis d'énoncer
la possibilité d'expliquer la formation de plusieurs de ces corps
par la voie humide, notamment celle des oxides solubles dans un
excès de potasse. A l'appui de ces opinions , je pouvais citer la formation , par le seul contact de l'acide carbonique de l'air et par
une contraction lente , de masses de silice assez dures pour rayer
le verre, de pâtes alumineuses translucides, d'oxide d'étain hydraté avec un aspect vitreux , etc.

Tel était l'état de la question en 1841. Depuis je me suis livré à
des investigations en vue de confirmer mes premières appréciations.

En ce qui concerne la formation des pâtes siliceuses , je dois à
l'obligeance de M. Pottier , commandant du brick l'*Agile* , qui a
été longtemps en stationnement dans les parages de l'Islande , de
m'avoir rapporté des dépôts siliceux divers , provenant des eaux
du Geyser. Je remarquai dans ces échantillons des couches
de quartz hydraté résinite ou opale qui visiblement procède
d'une contraction lente des molécules siliceuses exposées au contact
de l'air, et d'autres couches de quartz terreux ou de silice opaque

et poreuse, dont la formation s'expliquerait peut-être par la diversité des conditions dans lesquelles la contraction de la silice a eu lieu ; la pâte siliceuse donnant tantôt par un retrait graduel et lent du quartz hydraté transparent ou translucide, dont les ondulations suivent les contours des roches sur lesquelles la silice a été déposée, tantôt des couches poreuses dues à une dessiccation trop rapide. Un observateur attentif ne pourrait-il pas reconnaître dans cette succession de couches les effets des diverses saisons de l'année ?

J'ai appliqué mon attention à varier le phénomène de la précipitation de la silice par des actions graduelles, comme celle qui est produite dans la nature par l'acide carbonique de l'air.

Voici une première expérience que j'ai tentée avec un plein succès :

Au fond de plusieurs vases de verre, j'ai introduit une dissolution concentrée de silicate de potasse ; puis, avec une grande précaution, en évitant tout mélange des liquides, j'ai versé par-dessus séparément des acides nitrique, chlorhydrique et acétique concentrés, mais d'une densité cependant plus faible que celle de la dissolution de silicate de potasse, de manière à les faire rester au-dessus de la dissolution siliceuse.

Les résultats suivants ont été observés : Immédiatement il s'est formé au contact une couche siliceuse opaque, séparant exactement les deux liquides ; successivement cette couche s'est épaissie du côté du silicate de potasse par l'addition à la pellicule séparative de couches de silice transparente ou translucide, et en huit jours j'ai ainsi obtenu des couches siliceuses dures et compactes, présentant plus d'un centimètre d'épaisseur. Pendant ce temps les acides se saturaient de proche en proche de potasse. En opérant sur des couches de silicate de potasse de cinq centimètres d'épaisseur, j'ai, en moins d'un mois, transformé le tout en silice demi-transparente et dure, la potasse ayant pénétré à travers la couche de silice condensée tout aussi longtemps que la pellicule supérieure qui a servi de point de départ à cette espèce de végétation siliceuse , était en présence d'acide libre.

En signalant ce fait , mon but n'est pas d'entrer ici dans une discussion théorique sur le mode d'action qui intervient, de prononcer s'il s'agit seulement d'un phénomène osmotique, activé par les affinités chimiques , ou si les causes diverses de ces réactions sont dues aux différences de densité des liquides , densité modifiée par les réactions elles-mêmes. Je dirai seulement que dans aucun cas on ne pourra tirer argument dans cette circonstance de la nature hétérogène de la membrane osmotique qui a servi au début du phénomène.

La silice ainsi condensée artificiellement , présente l'aspect chatoyant de l'opale ; sa conservation dans un air non entièrement desséché , nous donnera sans doute le moyen d'obtenir cette pierre avec toutes ses propriétés caractéristiques.

Cette première expérience a bientôt été suivie de diverses autres. L'on a fait emploi d'acide sulfurique concentré qui , à raison de sa densité, a occupé le fond du verre ; par dessus , on a versé avec précaution de la dissolution de silicate de potasse. Le phénomène de la décomposition graduelle s'est encore produit ; la pellicule formée s'est épaissie de plus en plus du côté de la dissolution siliceuse , et la saturation de l'acide sulfurique par la potasse , s'est manifestée par le dépôt graduel , au fond du verre , de cristaux de sulfate de potasse.

D'autres liquides réagissants ont encore été employés. Au-dessus du silicate de potasse on a versé une couche de dissolution de chlorhydrate d'ammoniaque. La silice s'est de même séparée et la potasse a pénétré à travers la couche siliceuse pour se substituer peu à peu à l'ammoniaque qui s'est échappé en partie dans l'air.

Là encore, les affinités chimiques ont été assez énergiques pour déterminer promptement la formation d'une couche de silice épaisse et dure.

Le phénomène se produit bien plus lentement lorsqu'on s'adresse à des réactions moins énergiques. Ainsi, après avoir constaté que le chlorure de sodium peut former avec les silicates alcalins un composé peu soluble, j'ai versé de la dissolution de sel marin sur une couche de silicate de potasse, et j'ai reconnu que la membrane blanche formée au point de contact ne s'épaississait que très-lentement, l'action devant s'arrêter sans doute en peu de temps. Ajoutons cependant qu'une couche d'alcool, superposée au silicate de potasse, soustrait à ce dernier, peu à peu, de l'alcali, et détermine la solidification successive de la silice ou d'un silicate acide.

Je crois que ces faits, d'un intérêt général au point de vue physico-chimique, donnent la clef de la formation des pâtes siliceuses naturelles dans des circonstances où la condensation de la silice est due à d'autres corps qu'à l'acide carbonique.

Étendant mes appréciations à la formation générale des espèces minérales par la voie humide, j'ai reproduit les phénomènes dont je viens de parler, en modifiant de cent manières les agents et les moyens d'action.

Dès qu'il a été constaté que les affinités chimiques peuvent si facilement s'exercer à travers des pellicules formées des principes de l'un des corps réagissants, j'ai superposé un grand nombre de dissolutions de densité différente, dont le mélange devait donner lieu à un précipité. J'ai été ainsi à même d'observer une foule de phénomènes analogues à ceux que je viens de décrire, mais ayant un caractère beaucoup plus général.

Dans ces expériences, j'ai de même opéré par le contact immédiat des liquides, et lorsque la pellicule formée au contact tendait à se précipiter au fond du liquide le plus dense, je l'ai retenue mécaniquement avec un tissu de fil de platine ou tout autre obstacle non altérable.

J'ai été plus loin; supprimant la pellicule naturelle, j'ai interposé entre les liquides réagissants des corps poreux, de la poterie dégourdie par exemple, et je suis arrivé aux mêmes résultats avec un grand nombre de matières précipitables, et, par ce mode de réaction lente, j'ai souvent obtenu de magnifiques cristallisations.

En plaçant par exemple un vase poreux, rempli de dissolution d'acétate de plomb dans un bain d'acide chlorhydrique, les liquides étant de niveau des deux côtés de la paroi poreuse, en moins d'un jour la dissolution d'acétate de plomb a diminué de hauteur d'un centimètre environ, et le vase qui la contenait s'est rempli de magnifiques aiguilles de chlorure de plomb ; l'acide acétique de l'acétate s'est retrouvé mélangé à l'acide chlorhydrique, et après la séparation de tout le plomb, de l'acide chlorhydrique a pénétré dans le vase tapissé de cristaux. En opérant avec du nitrate d'argent ou du nitrate de protoxyde de mercure et de l'acide chlorhydrique, les chlorures d'argent et de mercure se sont déposés graduellement ; mais dans les conditions où l'expérience a eu lieu, l'action a été sans nul doute trop rapide, car les chlorures n'ont pas pu affecter l'état cristallisé.

Un nouvel essai a eu lieu avec du nitrate de protoxyde de mercure et de l'acide chlorhydrique, en opérant sur de plus grandes masses, et le chlorure a très-bien cristallisé. Par des réactions analogues, j'ai préparé du phosphate de chaux ayant une apparence cristalline, du sulfate de chaux, du carbonate de zinc, du ferrocyanure de fer, de cuivre, etc., etc. Les matières cristallines ou amorphes se produisent tantôt dans la dissolution du sel métallique, tantôt dans la dissolution du corps réagissant. Souvent des changements très-considérables dans le niveau des liquides se sont produits.

L'acétate de plomb et le nitrate de baryte, séparés par des parois poreuses d'un bain d'acide sulfurique, donnent lieu à un dépôt graduel de sulfate de plomb et de sulfate de baryte denses et adhérents contre les parois des vases ; la nature cristalline du dernier sel surtout n'est pas douteuse ; avec l'acétate de plomb et le carbonate de potasse j'ai obtenu le carbonate de plomb mamelonné et adhèrent aux parois du vase poreux. Pour donner la mesure de la variété des réactions qu'on peut produire ainsi, j'ajouterai que du chlorure d'or, renfermé dans un vase poreux, plongé dans un bain de dissolution de sulfate de protoxide de fer, ou d'hyposulfite de soude, ou enfin d'acide oxalique, donne lieu en peu de jours à la précipitation contre les parois des vases, d'une couche plus ou moins épaisse de paillettes d'or d'un aspect cristallin.

Dans plusieurs des réactions tentées je suis arrivé à de bons résultats, en renversant un ballon à col étroit entièrement plein d'une des dissolutions réagissantes, dans un vase contenant l'autre dissolution, de manière à éviter toute rentrée de l'air. Aussitôt le contact, le col du ballon se remplit du précipité dû au mélange partiel des deux dissolutions, puis un échange lent s'établit entre les deux liquides à travers la masse insoluble. Ainsi avec l'acétate de plomb renfermé dans le ballon et l'acide muriatique contenu dans le vase inférieur, on obtient en très peu de temps de magnifiques cristallisations de chlorure de plomb. Pour éviter la formation trop abondante du chlorure de plomb amorphe, on peut retarder le contact au moyen d'un fragment de terre poreuse, d'un tampon d'amiante, d'un bouchon joignant mal ou d'un petit fragments d'éponge, mais il est convenable de ne pas trop contrarier la possibilité du contact. Un disque mince et poreux en liége, fixé au point séparatif des deux liquides réagissants m'a donné souvent les meilleurs résultats.

Dans cette superposition des liquides, les réactions paraissent s'établir peu à peu et graduellement dans toute la hauteur des colonnes, la réaction se propageant à travers les dissolutions. Sans nul doute des changements locaux de densité ou de température dûs aux réactions elles-mêmes interviennent pour produire ces effets. Souvent le volume de la masse liquide augmente, quelquefois une espèce d'arborisation au milieu des liquides prélude à la cristallisation.

J'ai versé de l'essence aérée de térébenthine sur une dissolution

de sulfate de protoxide de fer, sans interposition d'aucun corps ;
peu à peu au point de contact, du sulfate basique de sesquioxide
de fer s'est formé; la réaction a bientôt gagné toute la hauteur
du liquide ferrugineux et la colonne supérieure d'essence a pris
une couleur rougeâtre par la dissolution d'une quantité notable
de sesquioxide de fer dont une partie se précipite par l'ébullition
et qu'on serait tenté de considérer comme se rapprochant de
l'acide ferrique. Une action graduelle a aussi lieu par le contact
de l'essence aérée de térébenthine avec une dissolution d'acide
sulfureux. De l'acide sulfurique se produit dans ce cas. J'ai même
obtenu la transformation partielle de l'ammoniaque en acide
nitrique en faisant séjourner une couche d'essence aérée sur une
dissolution d'ammoniaque dans l'eau.

La réaction des acides oxalique et tartrique sur le chlorure de
calcium et l'acétate de chaux m'a donné de l'acétate et du tartrate
de chaux cristallisés; je pourrais citer beaucoup d'autres réactions
produites avec succès, mais cela m'écarterait trop de l'objet prin
cipal de ce travail qui devait d'abord s'appliquer exclusivement
au rôle que joue la silice dans mes procédés de silicatisation.

Lorsque mes recherches nouvelles, dont plusieurs exigent beaucoup de temps, seront complétées, j'en ferai l'objet d'une communication spéciale, me bornant aujourd'hui à cet exposé sommaire
de quelques faits qui font suffisamment pressentir tout ce que la
géologie et même la physiologie peuvent trouver de lumières
nouvelles dans la voie d'expérimentation où je suis entré.

En variant les températures, la densité des liquides, la pression, la nature des corps poreux, etc., j'ai l'espoir que la plupart
des matières minérales cristallisées pourront être reproduites artificiellement et que des faits nouveaux permettront bientôt de se
rendre compte d'une manière plus satisfaisante que cela n'a été
possible jusqu'à ce jour, d'une partie des transformations qui
s'accomplissent dans les organes des végétaux et des animaux.

ÉTUDES

THÉORIQUES ET PRATIQUES

SUR

LA TEINTURE, L'IMPRESSION, LES APPRÊTS ET LA PEINTURE.

MÉMOIRE PRÉSENTÉ A L'ACADÉMIE DES SCIENCES.

Séance du 14 avril 1856.

1.re PARTIE.

TEINTURE.

Il est une opinion qui a été des plus accréditées parmi les chimistes qui les premiers se sont occupés de l'étude des phénomènes si compliqués de l'art de la teinture : c'est celle qui consiste à admettre que les matières azotées ont une aptitude à recevoir la teinture plus grande que les matières non azotées. On citait à l'appui de cette opinion la teinture de la soie et de la laine plus facile que celle du coton et du lin. Dans la teinture en rouge d'Andrinople, on a considéré l'emploi des bains de fiente de mouton, comme devant donner une espèce d'animalisation au coton. Les bains de bouse de vache pouvaient, aux yeux des teinturiers, être considérés comme devant produire un résultat analogue. Ces idées, en ce qui concerne la bouse de vache, ont dû être abandonnées par les chimistes, alors surtout que plusieurs substances salines, et en particulier le silicate de soude, ont été substituées à cette matière comme moyen de fixation des mordants.

L'ensemble général de la théorie de la fixation des couleurs sur les tissus a été l'objet de savantes recherches et des plus

4

judicieuses observations de la part d'un illustre savant bien compétent en cette matière. M. Chevreul a fait voir que cette fixation, plus ou moins facile, dépend tantôt de la nature du tissu, tantôt de la nature de la matière colorante elle-même. Quoi qu'il en soit du dégré de fondement de la doctrine de l'animalisation des tissus, j'ai voulu m'assurer si du coton modifié dans sa composition par sa combinaison avec les éléments de l'acide nitrique et, par conséquent, sa transformation en pyroxyline, n'acquerrait pas, par ce fait, des dispositions particulières à absorber les matières colorantes. Je fis préparer avec un grand soin une assez grande quantité de pyroxyline avec du tissu de coton et du tissu de lin, ainsi qu'avec du coton en laine. Je procédai à cette préparation par le procédé de M. Meynier, en employant un mélange d'acide nitrique monohydraté et d'acide sulfurique concentré. La pyroxyline fut lavée plusieurs fois à grande eau, et même trempée pendant quelque temps à froid dans une dissolution de carbonate de soude cristallisé pour être lavée encore.

Après s'être mis ainsi à l'abri de toute influence de l'acide libre, on procéda à différents essais comparatifs d'impression et de teinture des tissus pyroxylés et de tissus non azotés. Pour ces essais, j'eus recours aux soins obligeants et à l'habileté de M. Dietz, mon élève et ancien préparateur, qui dirigeait alors une grande imprimerie d'indiennes, près de Bruxelles. On prépara les tissus pyroxylés par le traitement suivant : on fit tremper ces tissus pendant vingt-quatre heures dans l'eau froide, on les foula, les rinça, les fit tremper ensuite dans l'eau bouillante, et, après un nouveau lavage et une demi-dessiccation, on les soumit au calendrage pour l'impression.

Divers mordants ont été imprimés simultanément sur des tissus de coton et de lin pyroxylés et des parties des mêmes tissus non azotés ; ces derniers avaient été parfaitement débarrassés de tout corps étranger par une ébullition durant trois heures, dans

un bain faible de carbonate de soude, lavés, puis traités par un
bain légèrement acidulé par de l'acide sulfurique, lavés de nouveau et enfin, après un demi-séchage, calendrés pour les disposer
à l'impression.

L'impression sur les tissus azotés et non azotés eut lieu simultanément avec les mordants suivants :

Noir
{ Pyrolignite de fer à 7 degrés Baumé.
{ Epaissi à l'amidon.

Puce
{ 2 parties de pyrolignite de fer à 10 degrés.
{ 1 partie de pyrolignite d'alumine à 8 degrés.
{ Epaissi à l'amidon.

Rouge
{ Pyrolignite d'alumine à 8 degrés.
{ Epaissi à l'amidon soluble.

Violet
{ Pyrolignite de fer à 1 degré.
{ Epaissi à l'amidon soluble.

Lilas
{ Pyrolignite de fer à $\frac{1}{2}$ degré.
{ Epaissi à l'amidon soluble.

Bois
{ Décoction de cachou avec acide acétique.
{ Un peu de nitrate de cuivre.

Les tissus après l'impression sont restés suspendus six jours
dans la chambre à oxyder froide, et un jour dans la chambre à
oxyder chaude.

On a dégommé au bain de bouse de vache et craie à 70
degrés centigrades pendant dix minutes, bien nettoyé, dégommé une seconde fois dans un même bain à la même chaleur,
nettoyé, rincé.

La teinture s'est faite simultanément avec de la garancine dans
un bain d'eau de rivière légèrement acidulée ; on est entré à 35
degrés centigrades et l'on a élevé successivement la température
du bain pour arriver, en trois heures, à 85 degrés ; enfin on a
foulé, rincé et séché.

Les échantillons teints ont été divisés par moitiés, et l'une
des moitiés a été soumise au blanchiment par le chlorure de
chaux.

Toutes ces opérations permirent de constater les faits suivants :

Tous les tissus azotés restèrent excessivement pâles, comparés aux tissus non azotés, malgré la surabondance de matière tinctoriale. Le tissu azoté, quoique se refusant à se charger des mordants, semble posséder la propriété de se combiner sans le secours de ces derniers avec une partie de la matière colorante de la garance, à en juger par la nuance jaunâtre qui persiste même après le passage au chlorure.

Désireux de m'assurer que les résultats obtenus n'étaient pas dus à des circonstances exceptionnelles, et notamment à une partie d'acide que les lavages exécutés, si complets qu'ils aient été, n'avaient pas entièrement enlevée, je fis renouveler les essais précédents, en faisant tremper les tissus azotés, pendant vingt-quatre heures, dans un bain tiède et léger de carbonate de soude cristallisé, rincer, laver à différentes reprises, cylindrer, humecter et imprimer après dessiccation.

Après l'impression des mordants, ces tissus ont été suspendus dans la chambre à fixer pendant huit jours.

Le dégommage et la teinture ont eu lieu comme dans l'expérience précédemment décrite.

Des résultats entièrement identiques ont été obtenus et les mêmes conclusions doivent en être tirées.

D'autres coupons de coton et un de lin ont été traités à chaud par un bain de pyrolignite de fer et ensuite passés dans un bain de noix de galle. Les tissus azotés ne prirent que peu de mordant et restèrent après la teinture fort pâles comparativement aux tissus de coton et de lin non transformés en pyroxyline.

A la suite de ces essais, des teintures en bleu de Prusse furent tentées sur du coton en laine. Comme pour la teinture en noir par la noix de galle, le coton pyroxylé ne prit qu'une nuance excessivement pâle en la comparant à la couleur du coton non pyroxilé. Mêmes résultats dans une série d'essais de teinture de coton en laine , en remplaçant la garance par du bois de Brésil.

Ainsi, contrairement à toute prévision , et surtout à la doctrine qui tendrait à admettre d'une manière absolue, l'efficacité de l'existence de l'azote dans la matière à teindre , la pyroxyline se refuse à la teinture. Cela résulte d'une manière incontestable des faits que je viens de consigner.

Des observations récentes de M. Béchamp ayant établi la possibilité de ramener le coton pyroxylé à son état primitif, je voulus m'assurer si , par cette transformation , le coton reprenait aussi son aptitude à recevoir la teinture.

On sait que le procédé de M. Béchamp consiste à faire bouillir pendant assez longtemps la pyroxyline dans une dissolution de protochlorure de fer et à le dépouiller ensuite de l'oxyde de fer qui s'y est fixé au moyen de lavages à l'acide chlorhydrique. Je dois à l'obligeance de cet habile chimiste d'avoir pu , en passant il y a quelques mois à Strasbourg , assister à la re- production des remarquables résultats de ses recherches sur ce point.

Des expériences comparatives me démontrèrent bientôt que du coton , dénitrifié par le procédé de M. Béchamp , reprenait, en grande partie du moins, la propriété de recevoir les couleurs , qui appartient au coton non azoté.

Mon opinion sur la non-aptitude du coton azoté à recevoir la teinture, était bien fixée à la suite des faits révélés par les expériences que je viens de décrire, lorsqu'une circonstance particulière ramena mon attention sur ce point.

Il m'était resté de mes premiers essais, qui ont eu lieu en janvier 1853, une assez grande quantité de tissu de coton pyroxylé. Ce tissu , plissé en rouleau serré, avait été introduit dans un bocal à large ouverture, fermé par un bouchon de liége. Il y a deux mois environ, je m'aperçus que le bocal était rempli de vapeurs nitreuses et que le bouchon , imprégné d'acide nitrique , qui l'avait corrodé, avait été soulevé pour laisser passage aux vapeurs rutilantes.

Ce phénomène de décomposition spontanée attira mon attention. Quelle a été la cause de cette décomposition ? C'est ce qu'il m'est encore difficile d'apprécier, car du coton pyroxylé qui avait été teint et conservé depuis la même époque, n'avait subi aucune altération.

Je fis laver à grande eau la pyroxyline ainsi décomposée ; le tissu était fortement altéré et s'arrachait sous un faible effort ; son inflammabilité était considérablement diminuée.

Divers essais analytiques eurent lieu pour établir la proportion des principes nitreux restés en combinaison avec la cellulose. — Ces résultats furent confirmés par M. Wurtz. Voici les chiffres de cet habile chimiste :

I. 0^{gr},4795 de matière desséchée dans le vide à 110 degrés ont donné 0,5495 d'acide carbonique et 0,176 d'eau.

II. 0^{gr},416 de matière desséchée dans le vide à 100 degrés et brûlés avec l'oxyde de cuivre ont donné 27^{cc},75 d'azote.

Température, 9 degrés. Pression, 0^{m},7603.

Ces chiffres donnent, en centièmes :

Carbone	31,25
Hydrogène	4,08
Azote	7,88

Si l'on consulte les analyses du fulmi-coton, on trouve :

Carbone	28,5 (Demonte et Ménard)	28,5	27,9 (Béchamp).
Hydrogène	3,5	3,5	3,5
Azoté	11,6	11,5	11,1

On voit, par la comparaison de ces résultats, que le coton pyroxylé, altéré spontanément, renferme environ un tiers d'acide nitrique de moins que le fulmi-coton non altéré.

J'eus la curiosité d'examiner comment la pyroxyline ainsi dénitrifiée partiellement se comportait quant à la fixation des couleurs. Des essais de teinture eurent lieu au moyen de la garancine et du bois du Brésil avec ce coton mordancé, au moyen de l'acétate d'alumine, et je ne fus pas peu étonné de voir que, non-seulement il ne refusait plus de prendre la teinture comme le coton pyroxylé, mais qu'il donnait des couleurs infiniment mieux nourries et plus éclatantes que le coton non azoté et traité dans les mêmes conditions de mordançage et de teinture.

Le phénomène d'une teinture du coton en une nuance approchant de l'écarlate, par le bois du Brésil avec le mordant d'acétate d'alumine fixa particulièrement mon attention, et aussitôt j'entrepris une série de recherches tendant à produire artificiellement un coton nitré avec des propriétés de fixation des couleurs aussi énergiques que celles de la pyrolyxyne décomposée, qu'une circonstance fortuite avait mises en mes mains.

Après avoir constaté d'une manière irrécusable que dans le coton, résultat de la décomposition de la pyroxyline, les éléments nitreux retenus étaient restés en combinaison chimique avec la cellulose, je reconnus bientôt que ces éléments n'étaient pas entrés dans un état de combinaison aussi stable, en présence des sels de protoxyde de fer, que cela existe dans la pyroxyline.

On soumit à une douce chaleur de la pyroxyline décomposée et de la pyroxyline intacte, dans un bain de sulfate de protoxyde de fer. En très-peu de temps, la pyroxyline, qui avait perdu une partie de ses éléments nitreux, se colora en jaune chamois, tandis que la pyroxyline prit beaucoup moins d'oxyde de fer que du coton ordinaire placé dans les mêmes circonstances. Lorsqu'on transforma l'oxyde de fer en bleu de Prusse par un bain de ferrocyanure de potassium légèrement acidulé, les mêmes différences de couleur se reproduisirent. Ainsi, en résumé, la pyroxyline, en perdant une partie de ses éléments nitreux, non-seulement perd sa résistance à absorber des mordants et des couleurs, mais devient même infiniment plus apte à se charger de ces corps que le coton non azoté,

2.me PARTIE.

Dans la première partie de ce travail j'ai consigné les résultats d'essais ayant pour but de déterminer l'influence sur la fixation des couleurs qui résulte de la transformation des fils et tissus en pyroxyline. A cette occasion, j'ai été à même de constater que la pyroxyline, privée, par une décomposition spontanée, d'une partie de ses principes nitreux, acquérait au point de vue de la teinture, des propriétés entièrement opposées à celles que mes premiers essais tendaient à faire admettre.

Une nouvelle série d'expériences eut lieu en remplaçant les tissus formés de pyroxyline spontanément décomposée, par des étoffes de coton qui avant de recevoir le mordant, avaient été mises en contact, pendant un temps plus ou moins long, soit avec de l'acide nitrique à divers degrés de concentration, soit avec des mélanges variables d'acide nitrique et d'acide sulfurique. Les résultats de ces essais furent des plus remarquables. Avec le bois du Brésil, l'acétate d'alumine donna sur coton non azoté des nuances rouges violacées ; une immersion pendant vingt minutes dans de l'acide nitrique à 34 degrés, suivie d'un lavage à grande eau et d'un passage dans une faible dissolution de carbonate de soude, au préalable de l'application du mordant, donna une couleur rouge beaucoup plus nourrie et beaucoup moins violacée que celle que prit du coton non préparé à l'acide. Ce résultat a été confirmé par plusieurs essais successifs. Un effet bien sensible fut produit même par l'immersion du coton pendant une demi-heure, dans le même acide étendu de deux fois son volume d'eau, et dans ce dernier cas le coton ne fut pas sensiblement altéré dans sa solidité.

L'essai comparatif suivant fut l'un des plus remarquables par ses résultats :

N.° 1. Coton sans préparation à l'acide.

N.° 2. Coton resté cinq minutes dans un mélange de 2 volumes d'acide nitrique à 34 degrés et 1 volume d'acide sulfurique à 66 degrés.

N.° 3. Coton resté deux minutes dans un mélange de 1 volume acide nitrique à 34 degrés et 1 volume d'acide sulfurique à 66 degrés.

N.° 4. Coton resté vingt minutes dans un mélange de 1 volume d'acide nitrique à 34 degrés et 2 volumes d'acide sulfurique à 66 degrés.

N.° 5. Coton resté vingt minutes dans un mélange de 1 volume acide nitrique à 34 degrés et 2 volumes d'acide sulfurique à 66 degrés et 1/2 volume d'eau.

Après les bains acides, les tissus furent lavés à grande eau, passés en un bain de carbonate de soude, puis lavés encore, enfin passés dans un mordant d'acétate d'alumine. La teinture eut lieu dans une décoction de bois du Brésil.

Le coton N.° 1 prit une couleur rouge pâle violacée;

Le N.° 2 prit une teinte rouge moins violette, mais encore assez pâle;

Le N.° 3 une couleur plus nourrie et plus vive;

Le N.° 4 une couleur rouge ponceau beaucoup plus foncée, assez analogue à celle obtenue par la pyroxyline décomposée;

Enfin le N.° 5 prit une couleur rouge foncé d'une richesse extraordinaire, la plus belle nuance qui ait été obtenue dans tous mes essais. L'essai N.° 5 fut reproduit dans les mêmes circonstances en augmentant la force du bain de teinture, et l'on obtint une couleur d'un rouge éclatant tellement foncé, qu'il paraissait brun.

Cette série d'essais fut répétée plusieurs fois, et les mêmes résultats furent constamment obtenus.

Il résulte d'une manière manifeste de ces essais, qu'un mélange d'acide sulfurique et d'acide nitrique donne des couleurs se rapprochant davantage de l'écarlate, que le bain acide qui donne les meilleurs résultats consiste en un mélange de 1 volume acide nitrique à

34 degrés., 2 volumes acide sulfurique à 66 degrés et 1/2 volume d'eau.

Quoique la cochenille et l'orseille ne soient pas des couleurs généralement applicables à la teinture du coton, je fis cependant avec ces matières tinctoriales quelques essais comparatifs.

Le mordant fut encore de l'acétate d'alumine.

Une immersion du coton pendant vingt minutes dans un bain d'acide nitrique pur, ou d'un mélange de 2 volumes acide nitrique et 1 volume acide sulfurique, donna à la teinture avec la cochenille une nuance giroflée pâle, peu différente de celle obtenue sans bain d'acide.

Une immersion pendant vingt minutes dans un bain de 1 volume acide nitrique et de 1 volume acide sulfurique, donna une couleur beaucoup plus foncée.

Enfin le mélange de 1 volume acide nitrique et de 2 volumes acide sulfurique, donna une couleur giroflée d'une intensité de couleur au moins double de celle de l'essai précédent.

Ces résultats sont assez concordants avec ceux observés pour la teinture au bois de Brésil.

Le dernier mélange d'acides permit d'obtenir, aussi sur coton, une couleur assez nourrie avec l'orseille.

On essaya enfin l'emploi de la garancine comme matière tinctoriale.

Un bain d'acide nitrique seul donna sur coton une nuance un peu plus jaune, mais pas plus foncée qu'en l'absence de tout traitement nitreux : 2 volumes acide nitrique et 1 volume acide sulfurique donnèrent une nuance pareille, mais plus foncée que la précédente. 1 volume acide nitrique à 34 degrés et 1 volume acide sulfurique donnèrent une très-belle couleur d'un rouge brun, comme le rouge d'Andrinople avant l'avivage. Par 1 volume acide nitrique et 2 volumes acide sulfurique, on obtint cette même intensité de couleur, mais d'une nuance tirant plus sur l'orange. Enfin vingt minutes de contact du coton avec un mélange de 1 volume acide nitrique, 2 volumes acide sulfurique et 1/2 volume d'eau, donnèrent une couleur rouge très-vive et beaucoup plus foncée que la précédente.

Tous mes essais, qui avaient été faits avec du coton nitré, furent répétés avec de la laine, de la soie, des plumes et du crin, en soumettant ces matières, avant la teinture et le mordançage, aux mêmes traitements par les acides, et des résultats tout aussi remarquables, au point de vue de l'augmentation, de l'intensité et de la richesse des couleurs furent obtenus. Avec de l'acide nitrique étendu de cinq fois son volume d'eau, les effets sont déjà très-prononcés.

Comme, dans le traitement par des acides concentrés, les fils ou tissus, surtout ceux de coton et de lin, sont sensiblement altérés, et qu'ainsi, dans la pratique de la teinture, les résultats qui précèdent n'auraient pas d'application générale, mes essais se sont dirigés vers la fixation sur ces fils ou tissus des matières azotées diverses qui se produisent dans l'action de l'acide nitrique concentré sur certaines matières organiques, en vue d'augmenter leur affinité pour les matières colorantes.

L'acide picrique, qui ne se fixe pas sur coton avec un mordant d'alumine, donne des nuances très-nourries, lorsque le coton a été nitré. Dans ce cas, cet acide agit comme matière colorante, mais il agit aussi comme mordant, surtout pour produire des couleurs composées, soit en donnant des bains d'acide picrique, après l'application sur étoffes des mordants ordinaires, soit en mélangeant cet acide en quantité variable avec la couleur dans le bain de teinture. Les couleurs ainsi composées sont très-vives et présentent les nuances les plus éclatantes, mais elles sont plus particulièrement applicables à la teinture sur laine et sur soie, car, dans la teinture sur coton, l'acide picrique fixé réagit à la longue sur la matière colorante, et en général l'altère profondément, en la faisant virer au jaune.

Il est encore une considération très-importante qui devait me préoccuper dans mes recherches : c'est le danger de l'emploi de grandes quantités d'acide nitrique pour préparer les étoffes à la teinture. Cet acide, en formant avec les étoffes une véritable combinaison chimique en proportion variable, combinaison que la teinture ne détruit pas, augmente leur combustibilité. Je n'ai pas besoin d'insister sur cette considération ; elle s'adresse à des intérêts trop graves, et chacun en saisira tout d'abord l'importance.

Au point de vue de la théorie de la teinture, il est un fait que les résultats des essais que j'ai signalés ont mis hors de doute. Si l'on ne peut faire dépendre la fixation des couleurs d'un principe à application constante, celui par exemple qui reposerait uniquement sur la composition de la matière à teindre, si, comme l'a démontré M. Chevreul, cette aptitude procède souvent aussi des propriétés particulières de la matière colorante elle-même, se fixant mieux sur tel ou tel tissu, on peut dès aujourd'hui établir que la composition chimique du corps à teindre a la plus grande influence sur cette fixation ; que les teintures sont de véritables combinaisons chimiques, et que les effets dus à la capillarité et à la structure particulière de la matière filamenteuse ne sont que secondaires. C'est du reste ce que je mettrai plus en évidence encore dans la troisième partie de ce Mémoire.

Séance du 10 novembre 1856.

3.me PARTIE.

Les faits nombreux consignés dans les deux premières parties de ce travail démontrent, jusqu'à la dernière évidence, que la fixation des couleurs dans la teinture dépend, sinon exclusivement, du moins en très-grande partie, d'une action chimique entre les matières colorantes et les étoffes dans leur état naturel ou ces étoffes diversement modifiées, soit par leur combinaison avec d'autres corps, soit par un arrangement moléculaire particulier de leurs principes constitutifs. Afin d'établir cette propo-

sition d'une manière incontestable en ce qui concerne la combinaison de la cellulose avec l'acide nitrique, il convient de bien
démontrer que cet acide n'intervient pas dans la teinture en se
mettant en liberté et en réagissant dans cet état sur les matières
colorantes. Pour écarter toute objection à cet égard, il suffirait
d'argumenter de ce que les tissus nitrés à différents degrés ne
perdent pas, pendant la teinture, leur propriété d'être plus com-
bustibles que les tissus non nitrés, de même que la pyroxyline ne
perd aucune de ses propriétés caractéristiques en subissant toutes
les opérations de la teinture. Mais d'autres motifs viennent encore
s'opposer à l'admission de toute influence étrangère à la nature
même du tissu à teindre. Ainsi, j'ai constaté que les étoffes pyro-
xylées ne prennent pas plus de couleur dans les bains de teinture à réaction acide que dans les bains alcalins, et que la pyroxyline spontanément décomposée attire, bien plus énergiquement
que le coton naturel, les couleurs dans l'une comme dans l'autre
circonstances. J'ai mis ces faits hors de doute en teignant du
coton naturel, du coton pyroxylé, du coton nitré et de la pyroxyline spontanément décomposée, et cela sans le secours d'aucun
mordant, dans une dissolution acide d'indigo et dans une dissolution alcaline d'orseille; toujours les **propriétés** caractéristiques de la
fibre végétale dans ses divers états de combinaison se sont mani-
festées. J'ajouterai encore que la pyroxyline, privée d'une partie
de ses principes nitreux par la décomposition spontanée, et le
coton nitré, se comportent dans la teinture de carthame exactement comme dans la teinture de bois de Brésil, de garance, etc.,
tandis que le fulmi-coton ne prend de couleur dans aucun cas. Il
reste donc évident que, par sa combinaison avec une proportion
déterminée de principes nitreux, la cellulose se rapproche, quant
à ses propriétés d'absorber les couleurs, des matières azotées
naturelles.

Il est un point sur lequel je crois devoir insister avec l'illustre
auteur de la théorie du constraste simultané des couleurs : c'est

qu'on ne saurait, d'une manière absolue, établir comme principe en teinture, que les tissus azotés naturels ou d'origine animale ont, pour toutes les matières colorantes, une affinité plus grande que les tissus non azotés. On sait que la laine ne prend pas la couleur de carthame avec la même facilité que le coton. Il en est de même pour la laine nitrée ; j'ai constaté que si la soie traitée par l'acide nitrique, quoique parfaitement dégagée d'acide libre, attire la couleur de la fleur de carthame avec plus d'énergie que la soie dans son état naturel, en donnant une couleur écarlate comme le coton nitré, cette propriété ne s'étend pas au même degré à la laine. Dans tous mes essais précédents, j'ai toujours observé que la laine est de toutes les matières textiles la moins apte à acquérir, par son immersion dans l'acide nitrique, une disposition plus grande à absorber les matières colorantes.

Il ne faudrait pas admettre non plus que tous les corps azotés artificiels possèdent la propriété d'attirer les matières colorantes et de pouvoir servir d'auxiliaire pour les fixer sur les tissus. Des essais faits avec de l'acide urique, du nitrate d'urée et de l'urate de potasse, ne m'ont donné aucun résultat. Si, au point de vue du carthame, la résistance de la laine à prendre cette couleur résulte de propriétés particulières, étrangères à la composition, on doit aussi attribuer aux propriétés particulières de l'acide urique de ne pas pouvoir servir à fixer les couleurs comme les composés nitreux.

Il me restait surtout à examiner jusqu'à quel point de simples modifications dans l'arrangement moléculaire pouvaient apporter des modifications dans l'aptitude des fils et tissus à attirer les matières colorantes et à former avec elles une véritable combinaison chimique.

Il y a quelques années, un manufacturier anglais, M. Merser, a fait connaître que les tissus de coton donnaient dans l'impression et la teinture des couleurs plus nourries en les immergeant, au préalable de l'application des mordants, dans une dissolution concentrée de soude caustique.

J'ai confirmé par quelques essais la vérité de cette assertion , mais je dois ajouter que les résultats obtenus étaient loin d'être comparables , quant à l'intensité des couleurs , à ceux produits par l'action combinée des acides nitrique et sulfurique.

Pour expliquer le phénomène observé par M. Merser, on a attribué la plus grande intensité de couleur produite sur une étoffe à un effet en quelque sorte mécanique , à un simple rapprochement des fibres dont le tissu était composé. On était facilement conduit à cet opinion par l'examen des tissus traités par les alcalis caustiques; ces tissus , en effet, se contractent dans tous les sens sous l'influence de ces alcalis. Cette explication , qui déjà me paraît hasardée lorsqu'il s'agit du traitement des tissus par la soude et lorsqu'il s'agit d'une faible augmentation dans l'intensité des couleurs , est entièrement inadmissible dans les circonstances où l'intensité des couleurs est provoquée par d'autres réactions , notamment par celle de la décomposition spontanée de la pyroxyline.

Quoi qu'il en soit , l'intéressante observation de M. Merser dut fixer mon attention d'autant plus , que d'autres observations tendent à établir que cette propriété des alcalis caustiques est partagée par d'autres corps.

Sans attribuer d'une manière absolue à la cause signalée l'intensité de couleurs que prennent dans la teinture les tissus de coton préparés par la potasse ou la soude, on peut admettre sans difficulté que beaucoup de modifications de la nature des tissus par des agents chimiques énergiques peuvent donner à ces tissus une aptitude plus grande à absorber les couleurs.

En vue de fixer les idées des chimistes sur ce dernier point , j'ai fait des essais nombreux de teinture avec des tissus de coton altérés par l'action de divers agents chimiques avec ou sans le secours de la chaleur. J'altérai des tissus de coton au moyen du chlore , de l'acide chlorhydrique, de l'acide fluorhydrique; à la teinture , je n'observai aucun résultat, ce qui permet de conclure tout d'abord que tous les genres d'altérations ne conviennent pas pour rendre plus énergiques les propriétés du coton d'absorber les couleurs. Des résultats des plus favorables furent, par contre, obtenus par l'action des acides sulfurique et phosphorique concentrés. Par l'action de ces acides, les tissus se resserrent comme par les alcalis caustiques, et prennent une certaine translucidité, circonstance qui peut expliquer jusqu'à un certain point leur plus facile pénétrabilité par les dissolutions colorées; mais en présence des faits nombreux signalés dans ce travail, faits où ces effets ne se produisent pas, il me paraît logique d'admettre, d'une manière générale, qu'un arrangement moléculaire différent dans la matière à teindre, alors même qu'il n'y aurait pas de changement dans sa composition chimique, est la cause essentielle des résultats observés. Lorsque les tissus de coton se resserrent et prennent une certaine translucidité, il est évident que la cellulose est modifiée dans sa constitution chimique, elle tend à se transformer en dextrine et en glucose; et alors même qu'on admettrait que la composition de la cellulose n'est pas changée, on pourra dans des corps isomères admettre des propriétés très-différentes. Dans ces cas, un arrangement moléculaire différent peut donner lieu à une combinaison chimique nouvelle; et le résultat d'une plus grande intensité de couleur dans la teinture, sans être expliqué par l'état purement physique de la matière, par une espèce de contraction des fibres du coton ou du lin, doit de préférence être attribué à une combinaison chimique différente. Combien, parmi les matières organiques, ne voyons-nous pas de corps isomères qui affectent cependant des propriétés différentes lorsqu'il s'agit de leur combinaison avec d'autres corps.

Après avoir constaté avec quelle facilité les principes nitreux disposent les fils et tissus à absorber énergiquement les couleurs, après avoir démontré que d'autres agents, qui n'entrent pas en combinaison chimique avec les tissus, peuvent produire des effets analogues, j'ai voulu vérifier expérimentalement la valeur des opinions énoncées par les auteurs qui se sont occupés d'expliquer les réactions qui s'accomplissent dans la teinture du coton en rouge d'Andrinople, relativement à l'influence qu'exercent dans cette teinture la bouse de vache et le crotin de brebis, dont on y fait fréquemment usage.

Dans cette teinture, dont les procédés sont si compliqués, la fixation de la couleur et sa solidité peuvent dépendre de circonstances diverses : de l'existence d'une matière animale, de la combinaison de cette matière avec les mordants alumineux, de la combinaison des mordants alumineux avec le tanin, enfin de l'emploi des huiles d'olive tournantes ; de sorte qu'il devient nécessaire, pour éclaircir le fait particulier de l'influence des matières azotées, de s'appliquer à étudier l'influence isolée de ces matières sur la fixation des couleurs.

Un fait particulier avait fixé mon attention.

Lorsque l'on soumet à la teinture des œufs pour leur donner les couleurs diverses des *œufs de Pâques*, on peut se contenter de les faire bouillir dans des décoctions de différentes matières tinctoriales, de bois de Brésil, de bois de campêche, de pelures d'oignons, de pains de tournesol, d'orseille, etc. Toutes les couleurs se fixent parfaitement bien sans l'intervention d'aucun mordant, avec cette seule différence que tel œuf prend la couleur plus facilement que tel autre. J'ai pensé que dans ce cas la fixation des couleurs devait être déterminée, non par le sel calcaire dont la coque de l'œuf est formée, mais par un enduit azoté fixé à sa surface. Cette présomption s'est bientôt transformée pour moi en réalité par les résultats de l'expérience suivante :

J'ai fait tremper pendant quelques instants des œufs dans de l'acide chlorhydrique affaibli, en ayant la précaution de ne faire atteindre par le liquide acide, que la moitié de la surface de chaque œuf. Par ce contact, les parties de l'œuf soumises à l'action de l'acide se sont couvertes d'une matière émulsive blanche que le lavage subséquent à l'eau a détachée. Les œufs ainsi traités, étant soumis à la teinture, n'ont pris les couleurs que dans les parties non atteintes par l'acide. et où le carbonate de chaux se trouvait recouvert de leur enduit naturel qui a quelque analogie avec l'albumine coagulée. Les parties de l'œuf qui avaient été en contact avec l'acide sont restées parfaitement blanches.

L'énergie de l'albumine à absorber les couleurs me fut démontrée d'ailleurs en teignant dans les bains de Brésil, d'orseille, de tournesol, etc., de l'albumine coagulée par la chaleur. Ces curieux résultats devaient me conduire à essayer d'augmenter directement la propriété des tissus d'absorber les couleurs par l'emploi de diverses matières animales. Je fis de nombreux essais en préparant les étoffes de coton, de laine et de soie par une immersion dans une dissolution d'albumine et en coagulant cette albumine sur les tissus par l'action de la chaleur ou d'un acide, au préalable de la teinture.

J'arrivai ainsi à des résultats très-favorables pour la teinture du coton et à des résultats un peu moins significatifs pour la teinture de la soie, mais à peine appréciables pour la laine. Mes essais eurent lieu avec le bois de Brésil, la garance et le bois de campêche.

Après l'albumine, j'ai essayé avec le même succès l'action du lait et du caséum, qui peuvent être coagulés à la surface des tissus au moyen d'un acide. Le lait surtout, soit seul, soit associé aux mordants, m'a donné des couleurs très-nourries.

Enfin j'opérai aussi avec la gélatine; mais, dans ce dernier cas, je déterminai la coagulation au moyen du tanin. J'obtins encore des résultats, mais peu marqués, sans le secours des mordants. J'ai pu constater dans ces derniers essais, que la gélatine, en permettant de fixer très-abondamment le tanin sur les étoffes, peut intervenir très-efficacement dans la teinture en gris ou en noir au moyen des sels de fer. Les couleurs que j'ai ainsi obtenues présentent la plus grande solidité.

Enfin j'ai complété ces recherches en soumettant à un examen attentif l'influence des matières azotées coagulables, comme moyen de fixation sur les tissus dans des conditions d'insolubilité des oxydes métalliques, même de ceux dont les sels ne se décomposent que difficilement au seul contact des tissus.

De nombreux essais comparatifs eurent lieu avec l'acétate d'alumine, le chlorure de manganèse, le sulfate de zinc, le sulfate de cuivre, le sulfate de protoxyde de fer, le perchlorure de mercure et le chlorure de platine.

En employant comme matière tinctoriale le bois de Brésil, on obtint les résultats suivants :

Le coton naturel, sans mordant, prit dans ce bain une couleur rouge-violacé pâle, et le coton albuminé une nuance rouge-violet foncé.

L'intervention des sels métalliques se manifesta de la manière suivante dans le même bain de teinture :

	COTON NATUREL après immersion dans une dissolution de sels métalliques, lavage immédiat et teinture.	COTON ALBUMINÉ traité de la même manière.
Acétate d'alumine.........	Rouge brun........	Rouge violacé plus foncé.
Chlorure de manganèse.....	Giroflé...........	Giroflé presque noir.
Sulfate de zinc...........	Rouge violacé clair..	Violet foncé.
Sulfate de cuivre.........	A peu près les mêmes résultats qu'avec le sulfate de zinc.	
Sulfate de protoxyde de fer..	Rouge violet.......	Noir violacé.
Perchlorure de mercure.....	Giroflé...........	Noir à reflet rouge.
Chlorure de platine.......	Rouge brun sale. ...	Même nuance beaucoup plus foncée.

Les mêmes essais furent répétés en employant la garance comme matière tinctoriale ; des résultats analogues furent observés, mais les différences ont été moins marquées.

	COTON NATUREL après immersion dans une dissolution de sels métalliques, lavage et teinture.	COTON ALBUMINÉ traité de la même manière.
Acétate d'alumine.........	Rouge brun.........	Même nuance un peu plus nourrie.
Chlorure de manganèse.....	Violet sale.........	» plus foncée.
Sulfate de zinc.	Violet terne.........	» plus foncée.
Sulfate de cuivre..........	Violet brun.........	» différence peu sensible.
Sulfate de protoxyde de fer. .	Violet foncé.........	» mais plus foncée encore
Perchlorure de mercure.....	Giroflé brun.........	» beaucoup plus foncée.
Chlorure de platine........	Brun clair.........	Brun plus rouge et un peu plus foncé.

» De tous ces essais on peut tirer cette conclusion que l'albumine étant appliquée uniformément à la surface des tissus de coton peut servir à y fixer, comme le ferait un mordant, mais d'une manière moins énergique, les couleurs de la garance et du bois de Brésil, et qu'elle peut aussi servir d'intermédiaire pour précipiter sur les étoffes divers oxydes métalliques avec lesquels elle forme des combinaisons insolubles.

Dans la teinture, les étoffes imprégnées de ces combinaisons absorbent avec plus de facilité les couleurs que si ces dernières étaient préparées soit avec l'albumine, soit avec les mêmes sels métalliques pris isolément.

Des résultats analogues ont lieu lorsqu'on fixe le tanin au moyen de la gélatine. Ce dernier corps trouve une application très-heureuse dans la teinture en noir, en produisant une combinaison avec le tanin et l'oxyde de fer. Le tanin seul intervient aussi avec une admirable énergie, pour fixer sur les étoffes l'acétate d'alumine qu'il décompose, ce qui permet d'obtenir les couleurs les plus nourries.

Comme résultat de toutes ces recherches sur la fixation des couleurs dans la teinture, je crois avoir mis hors de doute les propositions suivantes :

1.º Le coton et le lin transformés en pyroxiline ne sont plus susceptibles de recevoir la teinture.

2.º Lorsque la pyroxyline, par une décomposition spontanée, a perdu une partie de ses principes nitreux, non-seulement elle ne présente plus de résistance à la teinture, mais elle absorbe les couleurs avec beaucoup plus d'énergie que la matière textile ordinaire.

3.º Par l'action combinée des acides nitrique et sulfurique, on peut donner artificiellement au coton des dispositions à absorber les couleurs dans la teinture aussi énergiques que celles que pos‑ sède la pyroxyline décomposée spontanénient.

4.º La potasse et la soude caustique, l'acide sulfurique et l'acide phosphorique, permettent aussi d'augmenter l'aptitude du coton à absorber les couleurs.

5.º D'autres altérations ou modifications du coton par l'ammoniaque, le chlore, l'acide chlorhydrique, l'acide fluorhydrique, avec ou sans le secours de la chaleur, ne lui communiquent pas de propriétés analogues.

6.º Les matières animales neutres peuvent servir utilement d'intermédiaires pour fixer les couleurs sur les fils ou tissus et pour varier la nature des mordants.

Cette propriété leur est particulière : la seule présence de l'azote au nombre de leurs principes constitutifs ne justifierait pas leur aptitude à se teindre, car il est des matières azotées, telles que l'acide urique et les urates, chez lesquelles la disposition d'absorber les couleurs dans la teinture n'existe pas.

7.º La teinture repose essentiellement sur une combinaison chimique entre la matière textile naturelle ou diversement combinée ou modifiée ; l'état physique de cette matière n'intervient dans le phénomène que d'une manière accessoire.

Il est d'ailleurs difficile de distinguer ce qui appartient à l'affinité chimique proprement dite de ce qui est le résultat de la cohésion; ce qui, dans la teinture de charbon par exemple, procède des propriétés chimiques de ce corps, de ce qui est le résultat de sa porosité.

Dans la plupart des cas, les deux actions réunies concourent au même but et se confondent en quelque sorte.

Séance du 16 mars 1857.

4.me PARTIE.

J'ai l'honneur de présenter à l'Académie la suite de mes recherches concernant la fixation des couleurs. Après avoir dès 1841 indiqué l'utile intervention des silicates solubles pour durcir les pierres et assurer une plus grande durée à nos constructions, j'ai, en 1855, appelé l'attention de l'Académie sur l'application de ces mêmes agents à l'apprêtage et à la peinture.

Plus récemment, j'ai envisagé la question de la fixation des couleurs au point de vue exclusif de la teinture. Aujourd'hui je vais montrer, en suivant la direction imprimée à mes dernières recherches, qu'il n'est pas sans utilité d'établir quelques points de contact entre les opérations chimiques dont se compose la teinture proprement dite, et les opérations jusqu'ici presque exclusivement mécaniques et artistiques de la peinture et de l'apprêtage. L'Académie appréciera si j'ai trop présumé de l'utilité de l'intervention des réactions chimiques dans des procédés consacrés par un usage séculaire et auxquels cette longue pratique n'a apporté aucune modification sérieuse.

Après avoir constaté par des expériences nombreuses l'influence qu'exercent les matières animales et en particulier l'albumine et le caséum sur la fixation des couleurs en teinture, j'ai voulu, pour compléter mes démonstrations sur ce point, répéter mes essais en remplaçant ces derniers corps par la gélatine. Ne pouvant dans ce cas coaguler la matière animale sur les étoffes par la chaleur, avec ou sans le secours d'un peu d'acide, j'eus recours à une réaction bien connue, celle du tannin, qui transforme la gélatine en une matière élastique, insoluble dans l'eau, en un véritable cuir artificiel.

Par ce stratagème chimique, j'obtins le double résultat de permettre, à la faveur de la matière animale, une absorption plus facile des matières colorantes, et de fixer simultanément sur les étoffes une grande quantité de tannin. L'action chimique de ce tannin sur certains sels métalliques, qu'ils entrent dans la composition des mordants ou qu'ils servent de bains de teinture, peut s'exercer d'une manière très-utile dans beaucoup de circonstances.

Ainsi les couleurs garancées peuvent être, par ce moyen, obtenues plus nourries et plus vives, et les sels de fer, formant bain de teinture, et agissant à l'état de dissolution plus ou moins concentrée sur le tannate de gélatine, permettent d'obtenir immédiatement toutes les nuances depuis le gris-clair jusqu'au noir le plus intense.

IMPRESSION ET APPRÊTS.

Impression au tannate de gélatine. — J'ai appliqué la combinaison de gélatine et de tannin, en remplacement de l'albumine, pour fixer par voie d'impression les couleurs minérales et les laques sur les tissus. J'imprime les couleurs broyées avec la dissolution gélatineuse, et, après dessiccation, je passe les étoffes imprimées dans un bain tiède de tannin. Si le prix du tannin pur n'était pas un obstacle à l'utilisation de cette matière, des impressions irréprochables seraient obtenues par mon procédé; les fonds ne prendraient pas une teinte légèrement rousse, que donne une décoction de noix de galle ou des autres matières tannantes habituelles, et aucune opération de blanchiment de fond ne serait nécessaire. En combinant les opérations d'impression d'après les indications qui précèdent avec les opérations de la teinture en noir, on arrive à des impressions en couleurs variées sur fonds gris.

Fixation des couleurs par l'amidon et la baryte ou la chaux. — Je ne me suis pas borné, pour la fixation des couleurs minérales et des laques, à l'intervention du tannate de gélatine, je me suis adressé aussi à d'autres réactions. La baryte et la chaux décomposent avec une netteté remarquable l'empois liquide de fécule ou d'amidon par la formation d'une combinaison insoluble ; j'ai voulu mettre à profit cette réaction pour fixer les couleurs sur étoffes. A cet effet, j'ai imprimé les couleurs broyées avec de l'empois de fécule récemment préparé, puis, après dessiccation, je passe les étoffes imprimées dans un léger lait de chaux, ou mieux dans de l'eau de baryte.

Le résultat de la fixation des couleurs par ce procédé est atteint sans présenter l'inconvénient de la coloration des fonds, mais les couleurs sont moins solidement fixées que par le tannate de gélatine.

Impression au silicate de soude. — Au nombre de mes applications diverses des silicates solubles, j'ai déjà signalé l'emploi de ces sels dans l'impression sur étoffes. Après que l'impression des couleurs broyées avec une dissolution siliceuse concentrée a 35 ou 40 degrés a eu lieu, il convient de laisser les étoffes exposées pendant quelques jours à l'air, pour compléter ensuite la décomposition du silicate et la fixation de la couleur au moyen d'un bain faible de sel ammoniac.

Enfin j'ai expérimenté encore et avec succès une méthode mixte, qui consiste à imprimer les couleurs délayées dans le liquide siliceux, dans lequel on a fait dissoudre à chaud de la fécule et du savon, et à fixer les couleurs par la chaux ou la baryte.

J'ai cherché dans l'application des principes sur lesquels reposent mes procédés d'impression sur étoffes, à apporter quelques améliorations dans la fabrication des papiers peints, soit au point de vue de l'économie, soit à celui de la solidité des couleurs.

Impression sur papier. — L'on sait que de temps immémorial l'impression sur papier a eu lieu au moyen de la gélatine ou colle forte, et que, lorsqu'il s'agit de rendre ces impressions susceptibles d'être lavées, on les recouvre d'un vernis.

On arrive au même résultat par l'application au pinceau d'une dissolution tannante qui, si elle est incolore, n'assombrit pas les couleurs comme le fait une dissolution de noix de galle.

Le procédé de fixation des couleurs sur étoffes avec la fécule rendue insoluble par sa combinaison avec la chaux ou la baryte trouve plus utilement encore son application dans la fabrication des papiers de tenture et peut apporter dans cette industrie une économie notable.

Les bases blanches et les couleurs sont délayées à la température de 30 à 40 degrés dans l'empois liquide de fécule et leur impression a lieu par les procédés ordinaires. Lorque le travail est fini, et que les impressions sont séchées, leur fixation est complétée au moyen d'un léger lait de chaux ou d'une dissolution saturée à froid de baryte appliqués au pinceau ou de toute autre manière. La partie de ces bases non combinée avec l'amidon, peut être déplacée à la brosse ou par un lavage à l'éponge.

Apprêts siliceux. — L'industrie de l'apprêtage des étoffes a aussi déjà fixé mon attention ; j'ai mis en application les dissolutions siliceuses pour obtenir tant pour les fils que pour les tissus des apprêts plus ou moins consistants. Pour cela, il suffit d'imprégner d'abord les objets à apprêter d'une dissolution siliceuse plus ou moins concentrée, puis, comme cela se pratique généralement pour le calendrage à chaud, de faire passer les étoffes avant dessiccation complète, et sous une légère pression, sur des cylindres chauffés à la vapeur. En laissant les tissus imprégnés de silicates exposés au contact de l'air pendant quelques jours et en les passant ensuite à l'eau avec ou sans addition d'un peu de sel ammoniac, on obtient un *apprêt chiffon*.

Cette méthode d'apprêtage, outre l'avantage de rendre les étoffes moins inflammables, présente celui plus important encore de laisser à la consommation une quantité considérable d'amidon ou de gélatine perdue par les procédés actuels. Pour les étoffes susceptibles de grands frottements, l'enduit siliceux n'ayant pas assez d'élasticité, il est utile d'ajouter un peu d'empois d'amidon à la dissolution de silicate de soude.

Apprêt au tannate de gélatine. — Mes efforts se sont appliqués à obtenir un apprêt permanent, susceptible de lavage et conservant aux étoffes la propriété de reprendre par le calendrage à chaud leur consistance première : là surtout se trouvait à réaliser une grande économie de matières susceptibles de servir à l'alimentation.

Je suis parvenu à résoudre ce problème au moyen de mon enduit de cuir artificiel. Les étoffes étant imprégnées à chaud d'une dissolution plus ou moins concentrée de gélatine, sont parfaitement séchées, puis trempées dans une décoction de noix de galle ou de toute autre matière tannante, pour ensuite, après ou même sans lavage, être calendrées à chaud et être livrées à la consommation.

Les tissus blancs prennent dans cette succession d'opérations une teinte chamois clair ; pour l'apprêtage aussi bien que pour l'impression, il serait donc utile de pouvoir obtenir économiquement une dissolution tannante incolore. Plusieurs applications de cuir artificiel peuvent avoir lieu successivement sur la même étoffe, qui acquiert ainsi beaucoup de consistance, mais, pour beaucoup d'usages, trop de rigidité.

Enduit de cuir artificiel, applications diverses. — On comprend que les applications du tannate de gélatine peuvent être nombreuses. Je l'applique en particulier comme enduit en place de vernis sur bois, sur papier, gravures, dessins à l'estompe, etc., j'en recouvre le plâtre moulé et les pierres poreuses.

Les toiles à voile, les cordages à usage de la marine seront utilement imprégnées de cuir artificiel qui diminue un peu leur flexibilité, mais leur assurera des conditions d'incorruptibilité précieuses. Lorsque l'enduit du cuir artificiel est appliqué à la conservation de certaines matières organiques, j'ajoute à la dissolution gélatineuse un peu d'acide arsénieux ou de l'arsénite de potasse, comme je le fais pour les dissolutions siliceuses, lorsque je les destine à assurer la conservation des traverses de chemins de fer.

PEINTURE.

§ I. — MATIÈRES AGGLUTINANTES.

En transportant dans la peinture en détrempe les procédés décrits précédemment pour la fixation des couleurs minérales sur étoffes et sur papier, j'ai transformé cette peinture en une véritable opération chimique.

Peinture au tannate de gélatine.—Mes couleurs sont appliquées par les procédés ordinaires, c'est-à-dire au moyen d'une dissolution gélatineuse ; elles peuvent être poncées et, après que ces travaux sont achevés, les peintures sont fixées au moyen d'une décoction de noix de galle ou de toute autre dissolution tannante. La gélatine est ainsi rendue insoluble, et les couleurs appliquées ne sont plus enlevées par le lavage.

Une condition essentielle de la réussite de ce mode de fixation est de ne pas employer tout d'abord des dissolutions tannantes concentrées ; il convient d'appliquer plusieurs couches de ces dissolutions de plus en plus denses. Si l'on fait usage de noix de galle, la décoction appliquée en premier lieu ne doit contenir les principes solubles que de 6 à 8 parties de noix de galle pour 100 parties d'eau ; des dissolutions concentrées auraient une action trop énergique sur les peintures et donneraient des inégalités de nuances. (1)

---

(1) Ces précautious sont surtout essentielles pour les couleurs claires. Quoique les dissolutions de tannin soient bien graduées, des taches peuvent encore se produire par suite de l'application en couches inégales d'épaisseur de la gélatine elle-même, qui dès lors absorbe aussi inégalement le tannin plus ou moins coloré.

Après la fixation des peintures par des dissolutions faibles, on peut appliquer, sans inconvénient, des dissolutions plus concentrées, et en terminant le travail avec une décoction de noix de galle obtenue avec une partie en poids de cette matière tannante sur cinq parties d'eau, on donne aux peintures à la colle un vernis comparable aux vernis à l'essence, qui d'ailleurs peuvent s'appliquer sans inconvénient sur les couleurs ainsi fixées. (1)

Peinture à l'amidon. — La question de l'économie ayant été mon point de mire principal, j'ai voulu substituer, dans la peinture en détrempe à la gélatine dont l'usage est immémorial, la colle d'amidon ou de fécule (2); le prix de la fécule est de plus de moitié moins élevé que celui de la colle forte, et cette dernière absorbe, pour constituer un liquide convenable pour la peinture, à peine la moitié de la quantité d'eau qui entre dans un empois de fécule également consistant (3). Il s'agit donc, dans ce cas, d'une économie de 75 pour 100 à réaliser dans le prix de la matière agglutinante.

Fixation par la chaux ou la baryte. — En procédant d'après les bases posées pour la fixation des impressions, j'ai obtenu dans la peinture en détrempe à l'amidon les résultats les plus satisfaisants. La colle d'amidon ou de fécule employée tiède se lie admirablement bien avec les couleurs de toute nature, et leur appli-

---

(1) Cette application du vernis à l'essence, à moins d'être faite en couches très-minces, exclut l'emploi du sulfate artificiel de baryte, dont il sera question à la suite de ce travail. Ce sel, en présence de l'huile ou des essences, acquiert une certaine transparence, ce qui nécessite que l'application du vernis ne soit que superficielle.

(2) L'albumine, le caséum et toutes les autres matières organiques coagulables par la chaux ou la baryte peuvent également être substituées à la gélatine, mais il n'en est pas dont l'emploi présente plus d'économie que l'amidon. L'emploi du lait, déjà tenté, n'est pas entré dans la pratique habituelle de la peinture.

(3) Pour former des colles appropriées à la peinture, la gélatine n'admet guère qu'une addition de 10 fois son poids d'eau, tandis que la fécule admet facilement 20 parties de ce liquide.

cation se fait avec la plus grande facilité ; seulement la dissolution amylacée se prête un peu moins bien que la dissolution gélatineuse aux peintures à traits très-fins, mais elle suffit aux exigences de la généralité des décors d'appartements. Après l'application de deux et au plus de trois couches de ces couleurs, leur fixation est assurée par un badigeonnage avec un lait de chaux très-clair ou avec de l'eau de baryte.

De même que pour l'impression sur papier, après dessiccation, l'excès de chaux ou de baryte non combinée se détache avec une brosse et la partie de ces bases fixée par l'amidon est si intimement combinée, qu'elle ne ternit pas les couleurs appliquées.

Peinture siliceuse. — En signalant dans mes précédentes publications la possibilité de remplacer l'huile, les essences et la colle par des dissolutions siliceuses, j'ai dû mentionner certains inconvénients que l'on rencontre dans ce nouveau genre de peinture. Au premier rang se trouve la nécessité de laisser les couleurs siliceuses se raffermir graduellement pour éviter l'écaillement, puis viennent les mouvements que subit le bois par une dessiccation plus complète, enfin l'existence dans certains bois de la résine qui repousse les couleurs.

Le premier de ces inconvénients, lorsque la peinture doit être appliquée sur pierre existe d'autant moins que la pierre est plus poreuse. D'ailleurs dans toutes les applications directes de couleurs siliceuses, sur pierre ou plâtrage, il ne faut pas trop prodiguer les silicates, pour éviter le déplacement ultérieur des couleurs sous forme d'écailles ; il convient que toujours le fond reste absorbant et ne soit pas complètement saturé de la pâte siliceuse. Des dissolutions à 18 ou 20 degrés de l'aréromètre de Baumé appliquées à plusieurs couches donnent généralement de bons résultats. Ces degrés demandent à être plus élevés dans la peinture sur verre, la plus difficile de toutes et pour laquelle il est surtout important de ne laisser se raffermir les couleurs que très-lentement, en évitant l'action de l'air chaud et sec, afin que la contraction des molécules siliceuses puisse s'effectuer graduellement sous l'influence de l'acide carbonique de l'air. En usant de cette précaution, ce genre de peinture réussit très-bien, et il est appelé à rendre de grands services à la décoration des vitraux d'église et de certaines parties de nos édifices en général.

Peinture en détrempe fixée par les silicates. — Conduit par les faits précédemment signalés dans ce travail à étudier les conditions de la fixation des couleurs en détrempe, j'ai dû *expérimenter* aussi l'action des silicates. Les premiers résultats de l'application des dissolutions siliceuses sur les couleurs à la colle ou à l'amidon ont été décourageants comme pour le tannin; chaque coup de pinceau formait une tache. En persévérant dans ces essais, je pus bientôt me convaincre qu'en appliquant ces dissolutions à un degré de concentration qui ne dépasse pas 5 à 6 degrés de l'aréomètre de Baumé, on conserve aux couleurs leur uniformité d'intensité, et que deux applications successives de ces dissolutions fixent ces couleurs d'une manière très-stable et permettent leur lavage à l'eau. (1)

Procédé mixte et vernissage. — J'ajouterai qu'un procédé de peinture où l'intervention des silicates solubles m'a paru très-efficace, consiste à ajouter à de l'empois d'amidon à peu près son volume de dissolution siliceuse à 35 ou 40 degrés, et à employer le mélange pour délayer les couleurs à appliquer. Le silicate de soude rend l'empois d'amidon ou de fécule plus liquide et permet ainsi une application plus uniforme des couleurs.

Le même mélange de liquide amylacé et siliceux peut être d'un grand secours pour recouvrir toutes les peintures en détrempe d'un vernis très-solide et très-éclatant, vernis qui peut être utilisé dans une infinité d'autres circonstances.

---

(1) Lorsqu'il s'agit de peinture de lambris, de bois de lits, etc., susceptibles de servir de refuge aux punaises, j'introduis dans la dissolution siliceuse un peu d'arsenite de potasse ou de soude.

La fixation et le vernissage siliceux des couleurs dans la peinture en détrempe ouvre un vaste champ à la décoration de nos monuments et de nos habitations. Des travaux importants exécutés à Lille sous mes yeux ont déjà fixé l'attention d'un grand nombre d'artistes de haute distinction.

§ II. — BASES BLANCHES ET COULEURS.

Pour mes peintures siliceuses, il est nécessaire d'exclure l'emploi de toutes les couleurs altérées par la réaction alcaline des silicates; il est nécessaire aussi d'exclure les couleurs minérales trop facilement décomposées par ces sels. Ainsi la céruse, le chromate de plomb, le vert de Scheele, le vert de Schweinfurt, le bleu de Prusse et une infinité d'autres couleurs, notamment les laques, ne peuvent faire partie de la palette siliceuse, palette qui d'ailleurs est encore assez complète pour permettre les peintures les plus variées. La base blanche qui couvre le mieux dans ce genre de peinture est le blanc de zinc.

Lorsqu'il s'agit des peintures en détrempe fixées au moyen d'une dissolution de silicate alcalin, ou de peintures mixtes au moyen d'un mélange d'empois de fécule et de dissolution siliceuse ou même lorsque la peinture est faite au moyen de l'amidon fixé par la chaux ou la baryte, il convient encore d'écarter les couleurs altérables par les alcalis; mais il n'en est plus de même dans l'application de ma méthode de fixation par le tannate de gélatine, qui admet l'emploi des couleurs de toute nature : il n'y a d'exception à faire que pour certains sels métalliques, solubles ou hydratés.

J'appelle toute l'attention des architectes et des peintres sur la remarquable réaction de la chaux et de la baryte sur l'empois d'amidon. Cette réaction permet de rendre susceptibles de lavage, même à chaud des peintures extrêmement économiques, où la craie, le kaolin, l'albâtre gypseux, les ocres, etc., sont appliqués après avoir été broyés avec un empois légèrement chauffé et contenant environ 1|20 de son poids de fécule. La fixité de ces couleurs est encore remarquable lorsqu'elles sont détrempées au moyen d'un mélange d'empois d'amidon et de dissolution de silicate de soude, sans qu'il soit nécessaire de faire intervenir la chaux ou la baryte.

Plâtre. — J'ai appliqué avec beaucoup de succès le plâtre cuit à la peinture; ce plâtre, surtout lorsqu'il provient de gypse cristallisé, donne des couleurs fort belles, soit que son application ait lieu au moyen d'une dissolution de gélatine, ce qui constitue un véritable stuc, soit qu'elle ait lieu au moyen de l'empois d'amidon fixé par la chaux ou la baryte; dans l'un comme dans l'autre cas, la peinture ou le vernissage siliceux peuvent avoir lieu pardessus cette base blanche sans qu'il se produise de l'écaillement comme cela est à craindre lorsque l'on recouvre les ornements ordinaires de plâtre moulé d'un enduit siliceux.

Sulfate artificiel de baryte. — De toutes mes applications à la peinture en détrempe, celle qui me paraît la plus importante, c'est la substitution du sulfate artificiel de baryte à la céruse, au blanc de zinc et autres bases blanches. J'ai considéré l'application du blanc de baryte comme susceptible de se généraliser assez promptement pour organiser sa fabrication sur une vaste échelle dans mes usines, où elle se trouve installée à côté de la fabrication des silicates solubles, qui ont déjà pris une place importante dans les usages industriels. J'ai voulu hâter ainsi la vulgarisation des procédés nouveaux.

Le sulfate artificiel de baryte, résultat d'une précipitation chimique, est obtenu et livré au commerce à l'état sec et en pains, mais plus généralement à l'état d'une pâte consistante qui, pour les peintures, ne nécessite aucun travail de broyage (1). Son ap-

---

(1) Le prix de ce sulfate en pâte ferme est de 22 fr. les 100 kilogr.

plication dans la peinture a lieu, comme celle de toutes les autres bases blanches, en couches successives au moyen de la colle forte ou de l'amidon, ou enfin au moyen d'un mélange d'amidon ou de dissolution siliceuse. Presque transparent lorsqu'il est appliqué à l'huile, ce sulfate couvre parfaitement et tout aussi bien que la céruse et l'oxyde de zinc dans la peinture à la colle et à l'amidon, et présente sur le blanc de plomb et le blanc de zinc l'énorme avantage d'un prix réduit des deux tiers environ. Il n'est pas altérable par les émanations d'hydrogène sulfuré et donne des peintures d'une blancheur et d'une douceur au toucher que les plus fines céruses ne sauraient atteindre (1).

Déjà dans l'industrie ce produit a été l'objet de quelques applications sous le nom de *blanc fixe;* il sert à faire des fonds blancs et satinés dans la fabrication des papiers de tenture et à préparer des cartes glacées.

En ouvrant au sulfate artificiel de baryte une voie nouvelle de débouchés presque illimités par son application à la peinture en détrempe et à la peinture siliceuse, je crois avoir réalisé un véritable progrès dans la décoration et la conservation de nos monuments et de nos habitations.

Le blanc de baryte permettra de faire, avec une extrême économie et à volonté, des peintures blanches, mates ou lustrées,

---

(1) Il m'a réussi de faire des moulures très-dures en plâtre en gâchant ce corps avec une dissolution de gélatine et en imprégnant ensuite les objets moulés d'une décoction de noix de galle, ou en gâchant le plâtre avec de l'empois de fécule, et en immergeant ces mêmes objets dans du lait de chaux ou de l'eau de baryte.

Comme moyen de fixation, les dissolutions siliceuses peuvent être dans l'un comme dans l'autre cas employées avec succès.

J'ai aussi basé un procédé de durcissement du plâtre moulé sur son immersion dans de l'eau de baryte ou plusieurs imbibitions superficielles avec cette dissolution. Dans ces cas la baryte forme par la décomposition du sulfate de chaux une couche de sulfate artificiel, et la chaux devenue libre par ce déplacement de l'acide sulfurique attire ensuite peu à peu l'acide carbonique de l'air, ce qui donne au plâtre moulé, sans altération des formes, une enveloppe très-consistante et susceptible de lavage.

suivant la méthode adoptée pour l'application et la fixation : peintures qui rivaliseront avec les plus belles peintures au blanc d'argent et au vernis. Aucune peinture ancienne n'est comparable aux plafonds exécutés avec le blanc de baryte appliqué à la gélatine, ou mieux, appliqué avec la fécule ou un mélange d'empois de fécule et de dissolution siliceuse.

J'ajouterai une dernière considération qui n'est pas sans importance : c'est que, par la substitution du sulfate de baryte artificiel à la céruse et au blanc de zinc, comme aussi par la substitution, dans une infinité de circonstances, des peintures en détrempe aux peintures à l'huile et aux essences, indépendamment de l'économie considérable réalisée, j'ai placé l'art de la peinture et les industries manufacturières qui s'appliquent à la fabrication des bases blanches, dans des conditions hygiéniques des plus satisfaisantes. Non-seulement j'évite les dangers qui résultent de la fabrication et de l'emploi de la céruse et même du blanc de zinc, mais encore je supprime l'inconvénient non moins grave de l'odeur des essences.

J'ai voulu pouvoir me prononcer avec assurance sur l'innocuité de la manipulation du blanc de baryte, et à cet effet je me suis livré à une série d'expériences. Tandis que quelques centigrammes de céruse, de blanc de zinc et même de carbonate naturel de baryte, peuvent produire sur la santé des altérations plus ou moins profondes, selon la force des animaux, j'ai pu pendant dix jours consécutifs nourrir des poules avec de la pâte de farine de seigle à laquelle on ajoutait un quart de son poids de sulfate artificiel de baryte, sans que ces poules se soient trouvées incommodées par ce régime. Un petit chien du poids de $2\frac{1}{2}$ kilogrammes a reçu deux jours de suite dans ses aliments et en un seul repas 22 grammes de sulfate artificiel de baryte sec, sans qu'il ait manifesté le moindre malaise.

La plupart des applications dont j'ai successivement entretenu l'Académie ne sont plus à l'état de simple expérimentation,

comme le témoignent les nombreux spécimens que j'ai l'honneur
de placer sous ses yeux. M. Denuelle s'est assuré du succès des
peintures siliceuses dans la décoration de nos monuments reli-
gieux ; pour le décor des appartements, elles ont été appliquées
sur divers points par MM. Wicar et Brébar, peintres à Lille (2) ;
pour la peinture des vitraux, une expérience déjà longue est ac-
quise à M. Gaudelet. Il en sera de [ces peintures et de celles qui
font l'objet de ce travail comme du durcissement des pierres calcaires, aujourd'hui appliqué sur une grande échelle dans des travaux militaires par les ordres de notre confrère l'illustre maréchal
Vaillant, et dans les travaux de raccordement du Louvre aux
Tuileries, par M. Lefuel, architecte de l'Empereur ; l'usage s'en
répandra lentement peut-être, mais sûrement et sans mécomptes,
parce que toutes ces applications sont venues se placer au grand
jour sous le patronage de la science qui applaudit au progrès
partout où il s'accomplit, et lui vient en aide alors même qu'il ne
revêt que la forme d'un simple perfectionnement industriel.

J'ajouterai en terminant que les encouragements les plus
sympathiques m'ont été donnés pour la poursuite de ces recherches
par les hommes les plus compétents, MM. le comte de Nieuwer-
kerke, Henri Lemaire, Violet-Le Duc, Flandrin, Mottez ; par un
grand appréciateur dont les peintures à fresque font la principale
richesse du nouveau musée de Berlin, le célèbre Guillaume de
Kaulbach, qui veut bien m'honorer de son amitié ; enfin par un
vénérable géologue dont la science déplore la perte récente, le
professeur Fuchs, de Munich, qui, il y a bientôt un demi-siècle,
avait déjà pressenti et même signalé sans être compris les services

(2) M. Lefuel, après avoir pris l'opinion de MM. Leclaire, Vaucher, Boquet,
Grénier, Doisy, sur la mise en pratique des procédés nouveaux, dans une conférence
à laquelle j'ai assisté, a chargé M. Leclaire d'en faire l'application dans une partie
des nouveaux bâtiments du Louvre. Ces essais ne pouvaient être confiés à des mains
plus habiles.

que les silicates solubles pouvaient rendre aux beaux-arts, et dont je me plais à proclamer ici la grande perspicacité (1).

Sur la demande MM. Thénard et Dumas et avec l'assentiment de l'auteur qui, en sa qualité de Correspondant de l'Académie a dû être consulté sur ce point, le Mémoire de M. Kuhlmann a été renvoyé à l'examen de la section de Chimie.

---

(1) En 1855 j'ai fait des essais en vue d'appliquer à la coloration artificielle des pierres poreuses les diverses réactions chimiques qui donnent naissance à des couleurs stables, en imprégnant successivement les pierres de dissolutions de matières réagissantes, et en choisissant de préférence les réactions qui ne laissent dans les pierres aucune substance saline susceptible de les altérer à la longue. J'étais préoccupé des avantages que l'on pourrait tirer de ces opérations pour mettre en harmonie de couleur, sans application d'un badigeon formant épaisseur, les pierres diverses qui entrent dans une même construction ou des bâtiments anciens avec des constructions nouvelles.

Dans d'autres circonstances, j'ai procédé à la teinture des pierres calcaires en les soumettant à chaud à l'action de dissolutions de sulfates métalliques à oxydes colorés, et cela en vue de les faire servir d'ornements, de même que je les avais durcies par le contact à froid du phosphate acide de chaux et l'acide hydrofluosilicique.

Depuis, voulant utiliser des réactions analogues dans la peinture, j'ai dû avant tout me préoccuper de la résistance des couleurs au lavage sans l'intervention de l'huile, mes réactions ne pouvant être réalisées que dans la peinture à la détrempe ou dans l'impression. Ainsi se justifie l'application des silicates alcalins, de la gélatine fixée par le tannin, de l'amidon fixé par la chaux ou la baryte, enfin, dans quelques circonstances, l'intervention du savon décomposé par les mêmes bases ou par d'autres corps.

Tout en cherchant, au point de vue de l'économie, à remplacer l'huile et les corps gras ou résineux dans la peinture, je pense que des systèmes de peinture mixtes peuvent quelquefois être adoptés avec avantage. Tel est le système de la peinture au lait que proposait Cadet de Vaux au commencement de ce siècle. Des résultats plus économiques peuvent être obtenus par l'action seule de la chaux vive, servant à diviser de l'huile ou des résines dans des conditions où ces corps peuvent être délayés dans les couleurs à appliquer. Ces divers systèmes de travail peuvent acquérir de grandes chances de succès par la fixation des couleurs, après leur application, au moyen du silicate de potasse ou de soude ou du vernis silico-amylacé dont j'ai parlé.

La fixité et la résistance au lavage que peuvent acquérir les peintures à la détrempe seront peut être obtenues plus complètes par d'autres réactions que celles que je signale; aussi je suis bien loin de présenter mes résultats comme le dernier terme de l'utilité de l'application des réactions chimiques dans ces circonstances.

Quant au choix des bases blanches, j'ai particulièrement fait des essais comparatifs

EXTRAIT DU RAPPORT DE LA Xe CLASSE DU IURY INTERNATIONAL DE L'EXPOSITION UNIVERSELLE DES PRODUITS DE L'INDUSTRIE DE 1855.

Arts chimiques.

Silicate de potasse. — M. Kuhlmann fabrique ce produit dans dans de grands fours, et, par la voie humide, dans des chaudières à haute pression. La solution de silicate est employée principalement pour durcir les pierres calcaires. M. Kuhlmann a constaté, en effet, que la liqueur des cailloux possède la singulière propriété de durcir et de rendre compactes, en très peu de temps, les calcaires les plus poreux et les plus friables qui en sont imprégnés. S'agit-il de durcir des statues, des ornements d'architecture, des murs ou même des enduits calcaires dont ils sont parfois revêtus, il suffit d'y appliquer au pinceau, une solution de silicate de potasse. L'effet qu'on veut obtenir commence à se produire presque immédiatement, et les surfaces qui ont été enduites durcissent rapidement à une profondeur d'autant plus grande que la pierre calcaire est plus poreuse et a absorbé une plus grande quantité de dissolvant.

M. Kuhlmann admet qu'il se forme dans cette curieuse

---

avec les sels de chaux, de baryte et de strontiane, carbonates et sulfates naturels et artificiels ; j'ai pensé pouvoir dès aujourd'hui appeler plus particulièrement l'attention des peintres sur le plâtre fin et le sulfate artificiel de baryte. Je n'ai d'ailleurs en aucune manière entendu exclure de ces peintures à la détrempe les bases blanches usitées aujourd'hui ; toute ma préoccupation s'est portée à en chercher de plus belles et de plus économiques.

Après l'étude des bases blanches mon appréciation portera, comme je l'ai fait pour la teinture des pierres, sur l'utilité qu'il peut y avoir de produire, lors de l'application même de la peinture ou de l'impression, certaines couleurs au moyen de réactions chimiques qui peuvent leur donner naissance. Mes expériences sont encore très-incomplètes sur ce point, de grandes dificultés d'exécution rendront toujours ces dernières applications d'une utilité problématique.

réaction du silicéo-carbonate de chaux plus résistant que le carbonate lui-même. Quant à la potasse, elle devient libre, et il arrive quelquefois, qu'après avoir attiré l'humidité, et l'acide carbonique, elle suinte légèrement à la surface de la pierre. Pour éviter cet inconvénient, M. Kuhlmann traite les pierres silicatées par l'acide hydrofluosilique. La potasse est transformée en fluosilicate qui contribue, pour sa part, à augmenter la solidité de la pierre.

Le plâtre lui-même durcit rapidement sous l'influence du silicate de potasse. Cet effet doit être attribué au silicate de chaux qui se forme par double décomposition.

Lorsque la dissolution d'un silicate alcalin est employée pour durcir les mortiers appliqués sur les murs sous forme de plâtrage, ce sel agit en vertu d'une réaction plus complexe. Les mortiers renferment indépendamment du carbonate de chaux, de l'hydrate de chaux, et la silice se porte non-seulement sur le carbonate, comme on l'a indiqué plus haut, mais elle tend aussi à se substituer lentement à l'eau d'hydratation de la chaux elle-même. En effet, lorsqu'on agite une dissolution de silicate alcalin avec de la chaux éteinte, la plus grande partie de l'eau d'hydratation est déplacée instantanément et il se forme un silicate de chaux basique qui présente, à un haut degré, les caractères de la chaux hydraulique.

Quoi qu'il en soit, les procédés de M. Kuhlmann dont la première publication date de 1841 (1), ont déjà reçu la sanction de

---

(1) Mémoire sur les chaux hydrauliques, les ciments et les pierres artificielles inséré dans les Mémoires de la Société des Sciences, de l'Agriculture et des Arts de Lille, 1841. Voici comment M. Kuhlmann s'exprime dans cette publication. « Ma méthode de transformer les calcaires tendres en calcaires siliceux, me paraît une conquête précieuse pour l'art de bâtir. Des ornements inaltérables à l'humidité et d'une grande dureté, du moins à la surface, pourront être obtenus à des prix peu élevés, et, dans beaucoup de cas, une dissolution de silicate de potasse pourra servir à préserver d'une altération ultérieure d'anciens monuments construits en

l'expérience, leur application devient de plus en plus générale, non-seulement en France, mais encore en Angleterre et en Allemagne. On comprend toute leur importance, au point de vue de la conservation des monuments des statues, des ornements d'architecture et de la construction en général, dans ce moment ils sont appliqués au durcissement des statues du Louvre.

Le silicate de potasse est encore appelé, sans doute, à rendre d'autres services aux Arts et à l'Industrie. Il résulte des expériences de M. Kuhlmann qu'on peut l'employer avec avantage pour fixer les couleurs sur différentes surfaces, dans la peinture sur pierre, sur verre, sur bois, et même dans les impressions sur papier et sur étoffes. Sans aucun doute, quelques unes de ces nouvelles applications se développeront par la suite. Pour ne citer qu'un exemple, on comprend tout l'intérêt que présentent ces procédés appliqués à la peinture murale, et pouvant se substituer, dans une certaine mesure, aux pratiques si difficiles de la peinture à fresque. Et ce n'est point seulement l'espoir d'un progrès futur que nous exprimons ici, l'expérience a déjà prononcé sur l'utilité du silicate de potasse dans la peinture murale. Des

---

mortier et en calcaire tendre. » En conséquence de ces vues d'application, M. Kuhlmann a pris un brevet qui a été délivré à la date du 29 mai 1841, et, successivement, quatre brevets de perfectionnement et d'addition, inscrits en 1841. *Ces brevets et la publication dont nous avons extrait le passage précédent, mettent à néant les prétentions élevées dans ces derniers temps, relativement à la découverte dont il s'agit. M. A. Rochas a adressé à cet égard, à S. A. I., le Prince Napoléon et au jury, une note dans laquelle il affirme que, sans ses recherches, le procédé de conservation des monuments, par la silice, n'existerait pas. La Xe classe, après un examen attentif de la question, déclare que ces réclamations sont complètement dépourvues de fondement.*

Un jugement du tribunal civil du département de la Seine, en date du 26 juin 1856, rendu sur les conclusions conformes du ministère public, a fait justice des prétentions dont il est question dans cette note du rapport du jury. Il a annulé d'une manière absolue les prétendus titres du sieur Rochas, et notamment un brevet pris par ce dernier pendant qu'il était l'employé salarié de M. Kuhlmann.

travaux remarquables ont été exécutés à l'aide de ce nouvel agent, dès 1847, au musée de Berlin, par M. de Kaulbach, ce peintre éminent dont l'Allemagne s'honore à juste titre.

Le procédé qu'il a employé consiste à appliquer les couleurs à l'eau et à les arroser ensuite avec une solution de silicate qu'on y projette en pluie fine à l'aide d'une pompe. Lorsqu'on arrose des peintures à fresque avec une dissolution siliceuse, on transforme la chaux grasse sur laquelle la peinture est appliquée en une chaux hydraulique artificielle. Le silicate de chaux basique qui se produit d'abord, passe au contact de l'air à l'état de silicéo-carbonate hydraté qui se contracte graduellement, en durcissant et en devenant imperméable à l'eau. Ajoutons que M. Kuhlmann applique ses couleurs au pinceau, après les avoir détrempées pans l'eau et broyées avec une solution concentrée de silicate. En associant cette solution à un mélange de sulfate de baryte artificiel et de blanc de zinc, il remplace avantageusement la couleur à l'huile dont on revêt aujourd'hui les lambris et les murs de nos habitations.

Les établissements de M. Kuhlmann sont situés à Loos, la Madeleine et Saint-André (Nord) à Corbehem (Pas-de-Calais) et à Saint-Roch-lès-Amiens (Somme). Ils livrent au commerce les produits les plus variés, tels que les acides minéraux, la soude, la potasse, le chlorure de chaux, le noir animal, etc. La valeur annuelle de ces produits s'élève à 3,000,000 de francs. Depuis près de trente ans, M. Kuhlmann s'attache à appliquer ses connaissances théoriques à l'étude des questions industrielles les plus importantes et les plus variées.

Un grand nombre des essais qui ont été faits dans ses usines ont déjà passé à l'état d'application dans la pratique de tous les pays (1). Les développements que nous avons donnés plus haut

---

(1) M. Kuhlmann a signalé à la X.ᵉ classe le concours précieux et désintéressé que lui ont prêté, dans ses expériences sur la silicatisation, M. Lefuel, architecte de l'Empereur, M. Violet-Le Duc, inspecteur général des monuments historiques, MM. Marteau et Benvignat, architectes à Lille.

en fournissent une nouvelle preuve. M. Kuhlmann, se trouvant placé hors de concours comme membre du jury, la X.ᵉ classe lui décerne une *Mention très-honorable* en témoignage des services éminents qu'il a rendus à l'industrie et en particulier pour les efforts qu'il a faits, dans ces derniers temps, en vue d'améliorer les conditions higiéniques des fabriques de produits chimiques.

EXTRAIT DU RAPPORT DE LA XIV.ᶜ CLASSE DU JURY INTERNATIONAL DE L'EXTOSITION UNIVERSELLE DE 1855.

Matériaux de construction.

On doit à M. Kuhlmann la découverte d'un procédé très-ingénieux qui devait naturellement fixer d'une manière toute particulière l'attention de la classe des constructions civiles : ce procédé est celui de la *silicatisation des pierres.*

Lorsqu'une pierre se trouve en contact avec une dissolution, elle en absorbe rapidement une certaine quantité, et le liquide pénètre de la manière la plus intime dans ses pores, jusqu'à ce qu'elle soit arrivée à une sorte de saturation. Mettant à profit quelques recherches du professeur Fuchs, de Munich, qui avait eu l'idée d'employer le silicate de potasse ou le verre soluble (*wasserglas*) à la conservation des tissus qu'il rendait incombustibles, M. Kuhlmann entreprit, dès 1841, ses premières recherches sur la *silicatisation des pierres.* Il constata, dès cette époque, qu'un calcaire très-friable comme la craie, étant immergé dans une dissolution de silicate de potasse, change complètement de nature, qu'il devient peu perméable et qu'il acquiert la consistance et la dureté du marbre. Il s'est alors opéré une action chimique : une partie de la silice en dissolution dans la potasse s'est combinée avec le calcaire, tandis qu'une autre partie s'est interposée dans les pores du calcaire et s'est solidifiée. Ce fait fondamental est le point de départ des recherches sur la *sili-*

catisation des pierres ; M. Kuhlmann songea immédiatement à l'appliquer et à le mettre à profit pour la conservation de la pierre. Des expériences en grand furent tentées , notamment à Munich, à Berlin, pour la silicatisation des peintures à fresque, au moyen d'arrosements siliceux, et, en Angleterre, pour durcir des calcaires et préparer des pierres artificielles. Voici quel est , en peu de mots le procédé suivi par M. Kuhlmann pour silicatiser la pierre. Il, prend du silicate de potasse préparé avec soin dans son usine et ayant la composition du *verre soluble* ; il le dissout dans deux fois son poids d'eau , ce qui donne un liquide formé de 1 partie de verre soluble et de 2 parties d'eau : c'est ce liquide qui est livré au commerce. Lorsqu'il s'agit de faire les peintures siliceuses qui ont été proposées par M. Kuhlmann , on peut l'employer immédiatement. Lorsqu'on veut l'appliquer à la silicatisation de la pierre, il est convenable de l'étendre encore de 2 à 3 parties d'eau. On imbibe la pierre avec la liqueur convenablement étendue , et l'on emploie pour cela des pinceaux, des brosses , des arrosoirs , des pompes. On a soin , d'ailleurs , de faire agir alternativement la dissolution siliceuse et l'air ; en outre, lorsque la pierre refuse d'absorber de nouvelles quantités de silicate , on lave la surface avec de l'eau afin d'éviter la formation d'un vernis siliceux. Cette dernière précaution est de la plus haute importance , si l'on veut que la pierre conserve son aspect mat, comme cela doit être dans les statues, en général , dans les sculptures.

Le prix actuel du verre soluble est de 85 francs le quintal métrique pris à Lille. Le prix du liquide à 1/3 de verre soluble est de 30 francs. Il résulte de ces prix du silicate de potasse que la dépense pour silicatiser 1 mètre cube de pierre , varie de 1 fr. à 1 fr. 25 c., suivant la nature de la pierre, sa porosité et la quantité de liquide qu'elle absorbe.

Dans ces derniers temps, le procédé de M. Kuhlmann a été employé à la conservation de plusieurs de nos monuments, et a donné les résultats les plus satisfaisants.

Ainsi on l'a employé à Versailles, à Fontainebleau, à la cathédrale de Chartres, à l'Hôtel-de-Ville de Lyon, au Louvre et à Notre-Dame de Paris. En ce moment même, on s'en sert pour conserver les statues qui décorent le nouveau Louvre. Des certificats de MM. Lassus, Lefuel, Violet-Le-Duc et d'autres architectes, constatent, d'ailleurs, que la *silicatisation de la pierre* a donné les meilleurs résultats, et il est probable qu'elle est appelée à rendre de grands services dans les constructions.

Il résulte, de recherches récentes et encore inédites de M. Kuhlmann, que la silicatisation de la pierre se lie, d'une manière intime, à la solidification des chaux hydrauliques et des ciments.

Observons, en effet, quand le silicate de potasse est mis au contact du plâtre, que double décomposition s'opère immédiatement : il se forme du sulfate de potasse et du silicate de chaux; mais il en est autrement quand du silicate de potasse est mis en contact avec de la craie ou avec une pierre calcaire, car alors la silice est absorbée, tandis que la potasse devient libre. La silice absorbée forme lentement, avec le carbonate de chaux, une combinaison intime, qui est un silico-carbonate de chaux.

Dans les mortiers, même fort anciens, le carbonate de chaux reste associé à de la chaux hydratée : lorsqu'on silicatise ces mortiers, la silice se substitue à l'eau de l'hydrate. De même, si l'on opère sur de la chaux délitée, la silice se substitue à l'eau de l'hydrate de chaux et donne un silicate qui, en présence de l'air et d'un excès de chaux, produit un silico-carbonate. M. Kuhlmann signale un fait important au point de vue théorique, c'est que le silicate de chaux obtenu artificiellement avec un excès de silicate de potasse ou de soude, quoique bien lavé et dégagé d'alcali libre, attire encore l'acide carbonique pour former un silico-carbonate.

Enfin, lorsque, dans une des applications de la silicatisation, on arrose les peintures à fresque fixées sur un fond de chaux grasse, on ne fait encore que produire artificiellement de la chaux hydraulique et du silico-carbonate.

Des considérations que M. Kuhlmann n'a pas encore publiées, jettent un grand jour sur la théorie des chaux hydrauliques ; elles établissent, de plus, une admirable connexité entre les chaux et les ciments hydrauliques, et aussi entre les produits de la silicatisation des mortiers et des pierres calcaires.

La XIVe classe a pensé qu'il convenait de désigner d'une manière spéciale, à l'attention des constructeurs, l'ingénieux procédé de M. Kuhlmann, pour lequel elle eût proposé une haute récompense, si M. Kuhlmann ne faisait lui-même partie du jury international.

Lille-Imp. L. Danel.

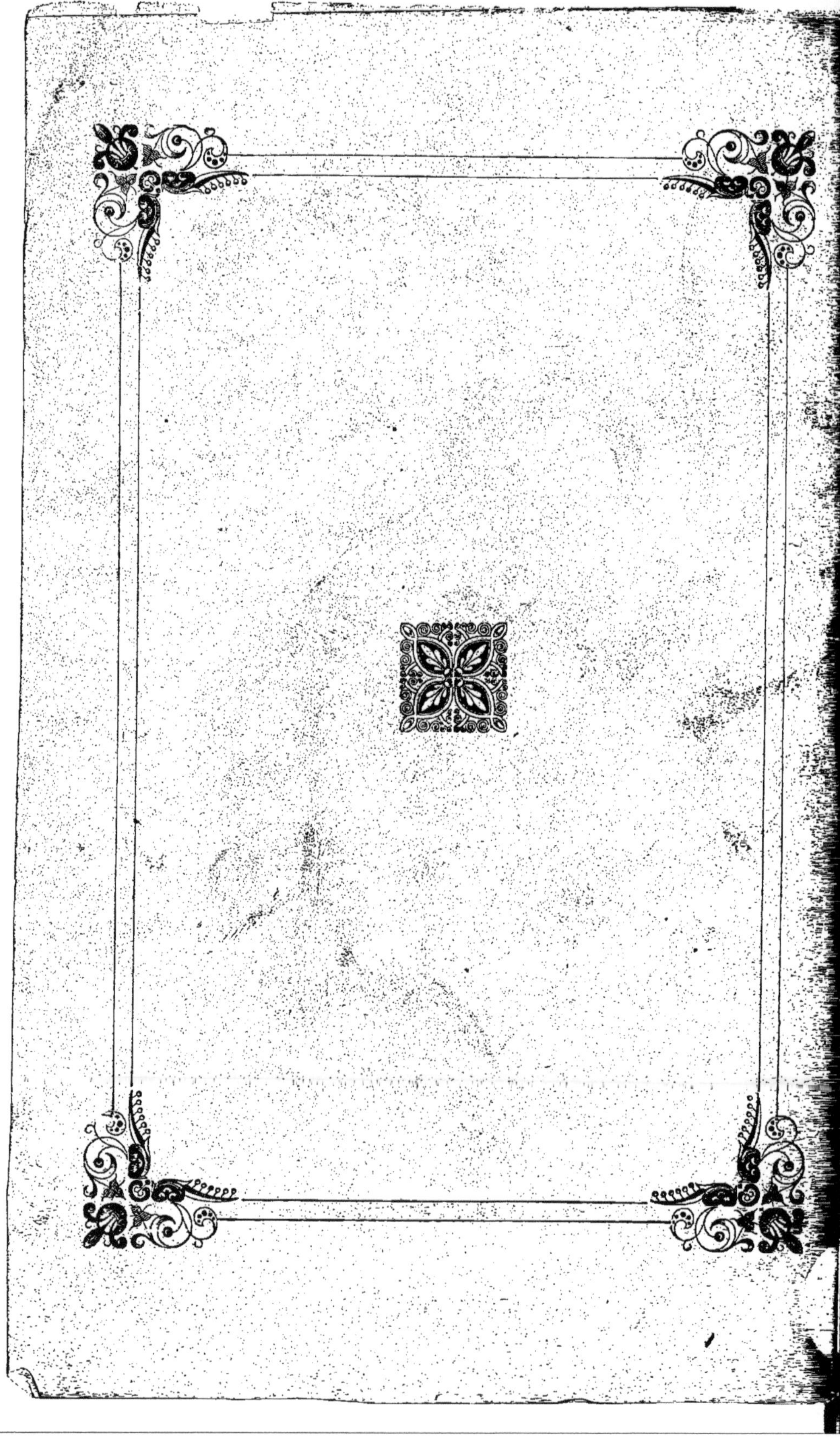